KB071684

감정의 온도

한 그루의 나무가 모여 푸른 숲을 이루듯이
청림의 책들은 삶을 풍요롭게 합니다.

감정의 온도

지금 당신의 감정은 몇 도인가요

김병수 지음

레드박스

당신의 감정은
몇 도인가요

언젠가 진료실을 찾았던 50대 남성이 기억납니다. 그는 명품 마크가 새겨진 화려한 허리띠를 하고 무뚝뚝한 표정으로 앉아 있었습니다. 자신이 유명한 누구와도 아는 사이라며 묻지도 않은 이야기를 하더니, 갑자기 아들 이야기를 하던 도중 큰소리로 화를 냈습니다.

"도대체가 요즘 애들은 말을 안 들어먹어요. 내가 묻는 말에만 답하면 되는데 자꾸 자기 진심을 들어 달라잖아요."

그가 답답하다는 듯 말했습니다. 조금 더 이야기를 들어보니 문제의 원인이 보였습니다. 그는 어린 시절부터 부모와 사이가 좋지 않아 외로운 유년시절을 보냈습니다. 권위적인 아버지 밑에서 자라 감정을 느끼고 표현하는 법을 배우지 못한 거지요. 그는 자신의 아버지가 그랬던 것처럼 다른 사람의 감정을 받아주지 못하고 억압했습니다. 아들과의 관계가 나빠진 것은 물론 주변 사람들 모두가 그를 어려워했습니다.

사람들은 그의 앞에서 자신의 감정을 숨기고, 속마음을 솔직하게 이야기하지 않았습니다. 사람들이 솔직한 의사 표현을 하지 않으니 그는 다른 사람의 감정을 이해할 수 있는 기회가 더 줄어들었고, 그러다 보니 자기 마음대로 타인의 감정을 해석하는 습관이 생긴 것입니다.

안타깝지만 그의 상처는 그 스스로가 만든 것이었습니다. 감정을 제대로 읽지 못하면 다른 사람의 감정을 자기 멋대로 해석하고, 적절하지 않은 방식으로 표현하게 됩니다. 자기감정조차 있는 그대로 느끼지 못하게 됩니다.

음악과 미술이 넘쳐나는 세상입니다. 눈물을 자극하는 드라마와 심장을 두드리는 소설, 번개처럼 내리꽂히는 시도 넘쳐납니다. 그런데 어찌된 일인지 우리의 감정은 메말라만 갑니다. 감동이 세상에서 자취를 감춰버린 것 같습니다. 인터넷 댓글로는 자기 의견을 거침없이 표현하면서도 자신의 감정과 느낌을 말해달라는 요청에는 주저하며 "나도 잘 모르겠어요"라고 말합니다. 자기감정인데도 잘 모르고 있는 거지요.

감정의 온도는 어떻게 알 수 있을까요? 그 사람이 어떤 하루를 보내는지 관찰해보면 됩니다. 뜨거운 사람은 가만히 있지 않아요. 사랑을 향해 달려가고 세상 속으로 파고듭니다. 차가운 사람은 자기 곁에서 사람들을 밀어냅니다. 뜨거웠다 차가웠다 자신도 종잡을 수 없이 오락가락한다면 불안한 겁니다. 온몸에서 온기를 느끼고 지금 이 순간이 영원하길 바란다면 행복한 거고요. 삶에서 아무런 온도가 느껴지지 않는다면 우울한 겁니다.

이렇게 말하다 보니 감정이란 우리 마음의 온도계구나 하는 생각이 드는데요. 감정과 생각의 온도를 측정할 수 있는 온도계가 있다면 편할 텐데, 아무리 첨단 의학 장비를 써도 감정의 온도는 알 수 없습니다. 하지만 '느끼는 힘'을 키우면 감정의 온도를 알 수 있습니다. 매 순간 감정의 온기를 자각하려고 주의를 기울여야 합니다. 감정은 그것에 주목하면 우리에게 더 많은 정보를 알려줍니다. 감정에 귀 기울이면 나의 삶이 풍성해집니다.

그렇다고 감정을 완전 정복하겠다, 이렇게 생각하지는 마세요. 감정과 친구가 되는 것이 목표이지, 감정을 지배하는 것이 목적이 아니거든요. 친구를 어떻게 대해야 하죠? 같이 가는 겁니다. 서로를 보살펴주면서 감정이 내 길에 좋은 조언도 해주고, 나도 감정을 같이 키워나가야 합니다.

　이제 지금부터 감정의 온도계가 가리키는 눈금이 우리에게 무엇을 알려주는지 같이 고민해보면 좋겠습니다. 우리가 없는 것처럼 무시하고 속이고 부끄러워했던 감정에 대해 자세히 알아봅시다. 그리고 감정이 가리키는 그곳으로 저와 함께 걸어갑시다. 우리 삶이 지금보다 조금 더 따뜻해질 수 있도록 말이죠.

　식어버린 가슴으로는 사랑할 수 없습니다. 온기 없이 힘든 세상을 버텨낼 수 없습니다. 새로운 세상은 뜨거운 열정이 만듭니다. 우리의 감정이 제 길로 찾아 잘 흘러갈 때 비로소 인생은 살 만해집니다.

2017년 1월, 풍납동 연구실에서
김병수

1장

감정을 느끼기 위해 노력해보세요

: 마음의 온도 체크하기

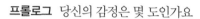

2장
이제 그만 관계의 공회전을 멈춰보아요
: 관계의 온도 받아들이기

3장

그 사람 때문에 가슴 아플 준비가 됐나요?

: **사랑의 온도 끌어올리기**

4장

감정은 언제나 나를 돕고 싶어 합니다

: **자신의 온도 다스리기**

5장

원하는 곳을 향해 뚜벅뚜벅 걸어가보세요
: 인생의 온도 유지하기

1장

감정을 느끼기 위해
노력해보세요

●

마음의 온도 체크하기

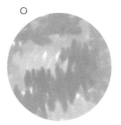

모든 감정에는
나름의
온도가 있습니다
- - - - - - - - - - - - - - - -

상담을 하면서 자주 묻습니다.

"어떤 느낌이었나요? 감정이 격해지던 순간, 어땠나요?"

그때 어떤 느낌이었는지 알고 싶기 때문입니다. 그 순간 불쾌했는지, 두려웠는지, 혼란스러웠는지 알면 더 많은 도움을 줄 수 있거든요. 이성과 판단, 논리가 아니라 감정을 그 사람만의 언어로 풀어낼 수 있다면 상담의 효과는 배가됩니다.

그런데 의외로 대답을 잘 못 합니다. 무슨 말을 해야 할지 몰라 당황하고, 생소한 질문이라는 듯 어색한 표정을 짓기도 합니다. 마음에 들어 있는 것을 그냥 꺼내 보이면 되는데 그걸 그렇게 힘들어합니다. 정답이 있는 것도 아닌데 답을 찾으려 애쓰기도 합니다. 감정에 대해 말할 때 스스로를 지나치게 검열하기 때문에 표현을 어려워하는 사람도 있습니다.

저는 이런 질문도 자주 합니다.

"자신의 감정을 온도에 비유해 표현해보세요."

"글쎄요. 뭐라고 말해야 할지."

따듯한, 냉담한, 뜨거운, 싸늘한, 화끈거리는……. 저마다 느낀 온도가 다를 텐데 일이 많고 지쳐서인지 다들 비슷하게 말합니다. 온도를 표현하는 단어도 많고 또 자기 마음인데도 제대로 표현하지 못합니다.

모든 감정에는 온도가 있습니다. 분노는 뜨겁습니다. 배신감은 서늘하지요. 우울은 열정이 식어버린 마음입니다. 훈훈한 온기는 감사와 합이 맞습니다. 질투는 냉탕과 온탕 사이를 왔다 갔다 하는 감정입니다. 죄책감은 한겨울의 칼바람처럼 쓰리고 아픕니다. 바깥은 추운데 덥다고 느끼고, 남들은 더워서 땀을 흘릴 때 나만 추운 것은 불안입니다.

이렇게 말하다 보니 감정이란 우리 마음의 온도계구나 하는 생각이 드는데요. 그런데 감정의 온도를 읽는다는 게 꽤 어려운 일입니다. 감정은 애매모호하게 느껴질 때가 많습니다.

마음을 보는 의사인 저 역시 '이런 느낌이겠구나' 하고 손뼉을 치다가도 어느 순간 '내가 잘못 봤네' 하고 꼬리를 내리곤 합니다. 내 마음, 내 감정이라고 해서 정확히 읽을 수 있는 것도 아니고요.

하지만 아무리 어려워도 감정 읽기를 포기해서는 안 됩니다. 당장의 인간관계 문제를 풀기 위해서도 중요하지만, 세상은 점점 더 감정 중심으로 변화할 테니까요. 과학기술이 발달할수록 감정 해독 능력, 감정을 잘 다루는 기술, 감정과 사이좋게 지낼 줄 아는 능력이 중요해집니다. 감정만큼은 컴퓨터가 대신해줄 수 없으니까요.

먼저 내 감정부터 읽어보세요. 당신의 감정은 지금 몇 도입니까? 당신은 차가운 사람입니까? 아니면 주변 사람들의 마음까지 달궈놓는 뜨거운 감정의 소유자입니까? 혹은 미온수처럼 편안한 온기를 갖고 있습니까?

만약 사랑하는 사람을 봐도 가슴이 뜨거워지지 않고 하고 있는 일에서도 열정을 느낄 수 없다면, 행복한 일도 없고 우울해서 가슴이 서늘하고 차갑게 느껴진다면, 마음의 온도를 다시 높여야 합니다.

마음이 춥다면 가만히 있어도 온기가 전달되는 사람 곁으로 가야 합니다. 가족, 연인, 친구, 누구라도 좋습니다. 당장 달려갈 수 없다면 전화라도 거세요. 편지를 쓰거나 그가 내 곁에 있다고 상상하는 것도 좋습니다. 심상으로 사랑하는 사람을 곁에 두는 것이지요.

체온을 높이는 것도 마음의 온도를 높이는 방법입니다. 지난해 〈미국 의사협회 정신의학저널JAMA Psychiatry〉에 위스콘신 대학교의 한 연구가 소개되었는데요. 우울증 환자 29명을 각각 따뜻한 통 속에 들어가게 한 후 그들의 심부 체온core temperature 을 38.5도까지 높였습니다. 이렇게 치료를 받은 환자들은 일주일이 지난 뒤부터 마치 항우울제를 복용한 것처럼 증상이 나아졌습니다.

무척 흥미로운 연구였습니다. 제가 체험으로 알게 된 사실과 일치하는 결과였기 때문입니다. 저는 목욕을 무척 좋아하는데요. 뜨거운 물에 몸을 푹 담그고 있노라면 확실히 감정이 꿈틀거리고 활력이 되살아나는 걸 느낍니다. 땀이 날 만큼 충분히 운동을 해서 체온을 높이는 것도 같은 효과가 있겠지요.

또 하나의 흥미로운 연구가 있습니다. 핀란드에서 773명에게 감정을 자극하는 영화를 보여주고 난 뒤 전신 체온을 측정했는데요. 느끼는 감정에 따라 체온이 모두 달랐습니다. 몸

전체가 따뜻해지는 감정은 '행복'이었고 '우울'은 체온이 낮았습니다. 두려움, 역겨움, 부러움, 부끄러움 등 각각의 감정 상태에 따라 체온 분포 패턴이 다르게 나타났습니다.

이처럼 감정의 온도를 조절하는 것은 체온을 조절하는 것과 비슷하다고 여겨도 무방합니다. 우울해서 마음이 식어버렸다면 몸을 활기차게 움직여 열기가 올라오게 만들어보세요. 온몸으로 햇빛을 받아도 좋고 따뜻한 곳으로 여행을 떠나도 좋습니다. 세상을 향해 오감을 열어놓는 것도 좋은 방법입니다. 마음이 따뜻해지는 영화나 그림을 보거나 음악을 들어보세요. 세상의 온기를 신체로 받아들이는 것이지요.

반대로 감정이 너무 뜨겁다면 오감의 문을 조금 닫아둘 필요가 있습니다. 자극을 줄여야 합니다. 화가 나는 상황에서 떨어져 나와 있거나, 사랑에 빠진 사람이 나를 태워버릴 것 같다면 잠시 거리를 두고 열기를 식혀야 오래 사랑을 유지할 수 있겠지요. 너무 뜨거운 감정을 품고 있으면 스스로도 감당하기 어려울뿐더러 상대방도 받아들이지 못합니다.

내 감정의 온도는 정확히 아는데 남의 온도를 몰라도 곤란합니다. 내 마음이 뜨겁다고 무작정 달려들면 상대방은 자신도 타버릴까 봐 화들짝 놀라 달아납니다. 반대로 내 마음은 얼음물처럼 차가운데 상대방이 열기를 훅훅 내뿜으며 다가오면, 나라는 사람은 수증기가 되어 증발해버립니다.

어떤 방법이 됐든 감정의 온도를 조절하는 나만의 비법을 찾아보기 바랍니다. 감정 때문에 힘들 때마다 그 비법을 사용해보세요. 더우면 시원한 바람을 쐬고 추우면 따뜻한 불을 쬐듯 감정의 온도도 조절할 수 있답니다.

🌡️ 삶의 온도를 조절하기 위해 해야 할 일

감정의 온도계 읽기

•

감정의 온도는 충분히 조절할 수 있습니다. 그런데 그러려면 먼저 내 온도가 지금 몇 도인지 알아야겠지요. 감정이 펄펄 끓고 있는지 차갑게 식어버렸는지 알아차리는 건 비교적 쉽습니다. 하지만 애매한 감정도 있지요. 뜨거웠다 차가웠다 수시로 변하는 감정도 있고, 미세하게 다른 온도를 갖는 감정도 있습니다.

방법은 하나, '느끼는 힘'을 키우는 겁니다. 감정을 느낄 때마다 주의를 기울여보세요. 그것에 주목하면 감정은 우리에게 많은 정보를 알려줍니다. 그러니 감정과 친해져야 합니다.

감정은 지배하는 것이 아니라 친구가 되는 것이 목표입니다. 서로를 보살피며 같이 가는 것이 친구지요. 감정이 내 길에 유익한 조언도 해주고, 나 역시 감정을 키워나가는 겁니다.

1. 몸의 신호 깨닫기

불안하면 가슴이 두근거립니다. 공허한 느낌이 들면 가슴에 구멍이 뚫린 것 같죠. 억울하면 목이 메고 목소리가 갈라집니다. 화가 나면 얼굴이 굳습니다. 사랑에 빠진 사람의 얼굴을 보세요. 예쁘게 달아오릅니다. 반대로, 몸이 보내는 신호에 감정이 변하기도 합니다. 심장박동이 안정되고 호흡이 편안해지면 마음이 차분히 가라앉습니다. 악수를 하는데 상대방의 손이 따뜻하면 내 마음도 따뜻해지는 것 같고요. 그런데 감정과 몸의 상호 작용 방식은 사람마다 다릅니다. 같은 감정에도 다른 신체 반응을 보일 수 있습니다. 그러니 내 몸이 감정과 어떻게 대화를 주고받는지 알고 있으면 좋겠지요.

2. 생각의 변화 관찰하기

흥분하면 아무 생각이 안 난다고 하지요. 우울하면 나에 관한 생각만 듭니다. 감정의 온도가 들쭉날쭉할 때는 생각도 날아다닙니다. 원하지 않는 생각이 갑자기 머릿속으로 침입해오고 불길한 상상이 뇌를 찌릅니다. 감정이 활활 타오를 때는 내가 어떻게 될지, 내 미래가 어떻게 될지 생각하지 않게 됩니다. 내가 어떤 생각을 하고 있는지 파악하면 내 감정을 알 수 있습니다.

3. 하루하루 어떻게 지내는지 살펴보기

감정이 뜨거운 사람은 가만히 있지 않아요. 사랑을 향해 달려가고 세상 속으로 파고듭니다. 차가워진 마음을 가진 사람은 혼자 있으려고 합니다. 한 가지 일에 집중하지 못하고 산만하다면 불안한 겁니다. 누군가를 향해 선물을 고르고 있다면 감사가 충만한 상태입니다.

여가 시간이 생기면 무엇을 하는지 되돌아보세요. 우울하면 하루 종일 누워 있고 싶어집니다. 의욕이 생기면 친구에게 전화하고 같이 영화도 보게 되지요.

자신의 하루를 돌아보세요. 내가 어떻게 지내는지, 내가 어떻게 행동하는지 알면 나의 감정 상태를 알 수 있습니다.

결정적 순간,
감정이 원하는 곳을
바라보세요
- - - - - - - - - - -

원체 소심한 데다 누구에게도 싫은 소리를 못하는 성격 때문에 클리닉을 찾아온 30대 여성이 있었습니다. 직장 동료들과 원만하게 지내기 위해 자신의 감정을 숨겨왔다고 하더군요. 마음에 들지 않는 의견에도 반대하지 않았고, 싫다고 느껴도 겉으로는 절대 티를 내지 않으려 애썼답니다. 그러다 보니 은주 씨는 무표정한 얼굴에 감정 없는 사람이 되어버렸습니다.

"은주 씨는 도대체 속을 모르겠어. 무슨 생각을 하고 있는지 알 수가 없다니까."

직장 동료들과 상사는 그녀를 믿을 수 없고 이상한 사람으로 여겼습니다.

감정을 솔직하게 표현하지 않고 감추는 것은 '내 감정을 있는 그대로 표현하면 다른 사람들이 나를 싫어하게 될 거야'라는 믿음 때문일 때가 많습니다. 내 감정을 숨기고 다른 사람에게 동조해주기만 하면 상처받지 않고 안전해질 거라고 믿는 것이지요.

그런데 과연 그럴까요? 솔직한 감정을 드러내지 않으면 인간관계가 원만해지고 직장 생활도 승승장구하게 될까요?

감정을 표현하지 않고 사는 것은 아무 맛도 향도 없는 맹물처럼 사는 것과 같습니다. 당장은 갈등을 피할 수 있고 얼굴 붉힐 일도 줄어들겠지요. 하지만 맹물처럼 자기감정을 숨기고 살다 보면, 사람들 틈바구니에서 이리저리 휩쓸려 다니다가 나라는 사람의 존재감은 사라져버립니다. 흐르는 물처럼, 자기 경계가 없는 사람이 되어버립니다. 좋고 싫음의 선명한 자기 색깔을 드러내지 않으면 사회적 정체성도 흐려지고 맙니다.

솔직한 표현이 없다면, 다른 사람들은 "속을 모르겠다"라고 할 수밖에 없습니다. 감정을 숨기기 위해, 마치 감정이 없는 사람처럼 무표정하게 있다 보면 얼굴 근육이 경직됩니다. 마치 가면을 쓴 것처럼 말이지요. 감정을 억압하면 긴장을 일으키게 마련이니까요.

가면 같은 얼굴을 보고 상대방은 어떻게 생각할까요? 신뢰를 쌓아가기 어려운 사람이라고 생각합니다. 뭔가 다른 생각을 숨기고 있는 것 아닌가 하는 의심을 품게 됩니다.

자신의 감정을 인식하지 못하고 표현하지 못하는 것을 '감정 표현 불능증'이라고 합니다. 감정 표현 불능증이 있는 사람은 감정을 언어화하지 못합니다. 감정을 느끼는 것을 창피하게 여기기도 합니다.

평소 남자다움을 중요하게 여기는 박 부장은 자신에게 슬픔이나 외로움 같은 나약한 감정은 없다고 여기며 살아왔습니다. 과연 그럴까요? 자신의 감정을 부정하면 그 감정을 엉뚱하게 해석하게 되고, 결국은 부적절한 방식으로 표현하게 됩니다.

우울감을 느끼면 '오늘따라 유난히 술이 당기네'라고 생각하고, 집에서 외로움을 느끼면 "밖에서 돈 버느라 고생하는 남편한테 이걸 밥상이라고 차린 거야!" 하고 아내에게 화를 냅니다. 공허함을 쇼핑 욕구로 잘못 해석해서 허무하고 무의미하다는 느낌이 들 때마다 백화점으로 달려가거나 멀쩡한 휴대전화기를 최신형으로 바꾸기도 합니다.

불안을 나약함의 증거로 받아들이는 사람은 불안을 느끼면 분노로 불안을 덮어버립니다. 슬픔 때문에 자신이 무너질까 봐 두려워하는 사람은 슬픔을 불안이라는 감정으로 속입니다. 분노를 두려워하는 사람은 분노가 생길 때마다 죄책감을 느낍니다.

이성적인 사람이 뛰어난 것이고 감정적인 사람은 열등하거나 미숙하다고 여기는 풍조 속에 살다 보면, 감정을 느끼는 것을 창피하게 여기게 됩니다. 감정을 속이거나 없는 셈 치는 것에 익숙해져 버립니다.

감정을 억제하는 것을 당연하게 생각하고, 특히 부정적인 감정은 더더욱 드러내지 않아야 한다고 믿는 사람들. 감정을 드러내지 않는 것을 무슨 숙제나 의무처럼 받아들이는 사람들. 이렇게 살다 보면 감정 독해력이 약해집니다. 마음의 눈에 감정이 보이는데도 그것이 무얼 의미하는지 읽을 수 없게 됩니다.

명문대를 나와 높은 사회적 위치에 오른 사람들 가운데 이런 이들을 드물지 않게 봅니다. 자신의 기본적인 감정조차 있는 그대로 인식하지 못하고 비뚤어진 방식으로 표현하는 사람들이 적지 않습니다. 이런 사람은 힘과 지위로 타인을 지배할 수 있을지는 몰라도 진정한 신뢰관계는 맺지 못합니다. 자기감정조차 올바르게 해석하지 못하는 사람이 어떻게 다른 사람의 감정을 제대로 읽겠습니까. 타인의 감정을 올바르게 읽고 그에 맞춰 반응하는 것은 인간관계의 전부라 해도 틀리지 않습니다.

감정은 결국 사람들과의 관계 속에서 만들어지는 것입니다. 사회를 결속시키는 힘은 이성이 아니라 감정입니다. 인간이라는 종이 지금까지 지구상에 살아남아 진화할 수 있었던 건, 감정의 힘으로 집단을 유지할 수 있었기 때문입니다.

자신의 감정을 있는 그대로 받아들이고 표현하세요. 그리고 결정적인 선택의 순간에는 감정이 가리키는 곳을 봐야 합니다. 그 느낌을 믿어야 합니다. 감정을 억압하고, 왜곡하고, 잘못 읽지 않는 한 감정은 언제나 옳은 길을 알려주는 법이니까요.

🌡️ 삶의 온도를 조절하기 위해 해야 할 일

감정을 표현하는 세 가지 법칙

●

1. 감정을 의견처럼 말하지 않기

자기감정인데도 확신하지 못하고 "불안한 것 같아요" "의욕이 없는 것 같아요"라고 말하는 사람들을 종종 봅니다. 내 감정이고, 내 마음이니까 보다 분명하게 표현해야 합니다. "슬픈 것 같아요"가 아니라 "슬픕니다"라고 말이지요.

내가 원하는 것도 마찬가지입니다. "점심으로 뭘 먹고 싶나요?"라

는 질문에 "아무거나 괜찮아요"라고 자기감정을 흐리거나 "일식은
안 좋을 것 같은데요"라고 딴사람 의견 말하듯 하지 마세요. "일식
은 싫습니다" "전 칼국수가 좋습니다"라고 정확하고 확실하게 표현
해야 합니다.

2. 상대방을 비난하지 않고 '나는~ '으로 말하기

내 감정을 표현할 때는 "나는~" 이라고 말합니다. 나는 내 감정에 대
해서만 말할 수 있습니다. 너는 어떻다. 너는 어떤 마음인 것 같다. 이
런 표현은 갈등만 키웁니다. 예를 들어 친구가 나와 한 약속을 잊었을
때 "약속도 잊어버리고, 넌 왜 이렇게 무심하니?"가 아니라 "네가 약
속을 잊어서 나는 속이 많이 상했어"라고 말하는 겁니다. "나는 ~ "

"내 마음은 ∼"을 잘 활용하면 상대방을 비난하지 않고, 감정을 솔직하게 표현할 수 있습니다.

3. 분명히 그러나 부드럽게 말하기

내가 원하는 건 반드시 이루어져야 한다는 듯 말하면 상대방은 그것을 공격적으로 받아들이게 됩니다. 내 의견을 받아들일지 아닐지는 그 사람이 결정할 몫이지 내가 강요할 수 있는 게 아닙니다. 내 마음은 이러저러하다고 간단하게 이야기하면 됩니다. "나는 오늘 칼국수가 정말 먹고 싶습니다. 칼국수를 먹으면 일식을 먹는 것보다 돈도 아낄 수 있잖아요." 이렇게 말하면 내 감정도 충족되고, 상대방에게도 좋은 점이 있다는 것을 알려줄 수 있겠지요.

감정에
좋고 나쁨이란
없습니다

✹✹

어느 날 40대 중반의 워킹맘이 찾아왔습니다. 회사에서 스트레스를 많이 받은 날은 집에 와서 아이에게 자꾸 화를 낸다고 했습니다. 머릿속으로는 아이한테 화내지 말자고 생각하면서도 입으로는 이미 아이에게 상처 되는 말을 내뱉고 만다고요. 그러고 나면 아이에게 너무 미안하고 스스로가 미워진다면서, 화를 다스릴 수 있는 방법을 알려달라고 했습니다.

화내지 말자고 생각하면서도 화가 누그러들지 않는 것은 당연합니다. 감정은 내 의도대로 쉽게 움직이는 게 아니니까요. 어디로 어떻게 흘러갈지 알 수 없는 것이 감정이고 억지로 참는다고 없어지지 않는 것이 감정입니다.

감정을 억누르면 나중에 더 크게 폭발할 뿐이지요. 그러니 이 감정이 왜 생겼는지, 이 감정이 생길 만한 좌절된 욕구는 무엇인지부터 확인해야 합니다.

감정이 생기는 데는 반드시 이유가 있습니다. 그리고 그 이유를 파고들어 가다 보면, 감정은 나름의 목적을 갖고 그 목적을 달성하기 위한 방향으로 흐른다는 사실을 깨닫게 됩니다. 그렇다면 이 여성은 왜 아이에게 화가 나는 걸까요? 화가 나는 그 마음속에는 어떤 욕망이 숨겨져 있을까요?

가장 큰 이유는 완벽한 엄마가 되고 싶다는 욕망에서 찾을 수 있습니다. 일도 잘하고, 아이도 잘 키우는 슈퍼우먼이 되고 싶은 열망이 마음속에 숨겨져 있기 때문입니다. 그런데 현실에선 이런 열망이 채워지지 않으니 자꾸 짜증이 나는 거지요.

저는 근무 중인 병원에서 직원들을 위한 상담도 맡고 있는데요. 워킹맘 간호사들이 상담을 하러 많이 옵니다. 상담 온 이유를 물으면 가장 자주 듣는 대답이 "요즘 제가 아이한테 화를 많이 내서요"입니다. 이런 괴로움을 호소하는 경우, 열이면 열 모두 완벽한 엄마가 되어야 한다는 강박관념을 갖고 지나치게 애쓰고 있다는 게 문제였습니다.

직장에서 일하면서 아이 키우고 남편 챙기느라 심신이 지칠 대로 지쳐 있는 게 중요한 원인이기도 합니다. 아이를 제대로 못 키우고 있다는 불안과 죄책감을 화라는 감정으로 숨기고 있는 것일 수도 있고요. 아이 때문에 일에 전념하기 힘들다는 생각이 화를 부추기는 경우도 있습니다. 남편과 사이가 나빠 아이에게 미안한데, 이를 감추려고 오히려 화를 내는 경우도 봅니다.

우선 화에 대처하는 실용적인 방법부터 알려드리겠습니다. 분노를 언어화하려고 노력해보세요. "에잇 화나!"가 아니라 "내가 지금 화가 났구나" 하고 감정을 언어화하는 겁니다. 그러면 감정을 있는 그대로 바라볼 수 있게 됩니다. "분노, 분노, 분노⋯⋯"라든가 "짜증, 짜증, 짜증⋯⋯" 하고 속으로 읊조리는 것도 감정을 있는 그대로 받아들이는 데 도움이 됩니다.

복식 호흡을 하는 것도 좋습니다. 숨을 천천히 깊고 고르게 들이마시고, 그보다 조금 더 길게 내쉬기를 여러 차례 반복합니다. 이렇게 하다 보면 부교감 신경계가 활성화됩니다. 긴장이 풀리면서 화가 잦아들고 안정을 되찾게 됩니다. 호흡을 하면서 속으로 '나는 지금 평안하다' '나는 지금 침착하다' 같은 주문을 외우면 효과가 더 좋습니다.

직장에서 스트레스를 많이 받아 퇴근 전부터 짜증이 나 있는 상태라면, 귀가 전에 산책을 하세요. 동네 한 바퀴를 돌고 난 뒤 집에 들어가는 것이지요. 운동이나 목욕을 해도 좋고 마사지를 받아도 좋습니다. 어떤 워킹맘은 제게 이렇게 말하더군요.

"직장에서 스트레스를 받은 날은 집에 들어가기 전에 좋아하는 이탤리언 레스토랑에 들러서 파스타를 먹고 가요. 그러고 집에 들어가면 아이들한테 화도 덜 내고 더 잘해주게 되더라고요."

아이가 기다리고 있는데 어떻게 그러냐고 할 수도 있을 텐데요. 짜증이 가득 나 있는 상태로 집에 가느니 한 시간쯤 늦더라도 기분을 전환한 뒤에 집에 가는 게 낫습니다. 그러면 감정 조절도 훨씬 잘되고 아이와의 관계에도 훨씬 좋습니다. 문제는 아이와 함께 보내는 시간의 질이지 양이 아니니까요. 중요한 것은 아이와 어떤 감정을 나누느냐입니다

아이에게 자주 화를 낸다면, 또 별것 아닌 일에 화가 난다면, 화를 조절하기 어렵다면, 가만히 그 감정에 귀를 기울여보세요.

감정 속에 숨겨진 의미를 정확히 이해한다면 삶을 유익하

게 변화시킬 수 있습니다. 자주 화가 난다면 그건 삶의 방식을 바꾸라는 신호입니다. 우리 뇌가 "너는 너무 지쳐 있어, 좀 쉬어"라고 메시지를 보내고 있는 겁니다.

분노 자체가 나쁜 게 아닙니다. 감정에 좋고 나쁜 것은 없습니다. 무조건 감정을 없애려 해서는 안 됩니다. 모든 감정에는 고유한 기능이 있기 때문입니다.

🌡️ 삶의 온도를 조절하기 위해 해야 할 일

생각을 모니터링하기 위한 질문들
●

왜곡된 생각은 종종 내 감정을 잘못 읽게 만듭니다. 감정을 잘못 읽으면 내가 진정으로 원하는 걸 못 하게 되니 생각을 점검해보세요. 관점을 바꿔보는 연습이 필요합니다. 미래의 시간에서 그 일을 바라보거나 과거에는 어땠는지 되돌아보는 것이지요. 친구나 부모님 등 다른 사람의 눈으로도 바라보세요. 아래의 질문을 스스로에게 던져보면 도움이 될 겁니다.

• 나쁜 결과만 예상하는 건 아닐까?
  나쁜 결과만 부풀려서 생각하면, 감정의 온도가 뚝뚝 떨어집니다. 일할 의욕도 노력하려는 열정도 사라집니다. 실수를 하고 나서 '아,

일을 완전히 망쳤어'라고 생각하는 대신 '실수가 있었지만 만회할 수 있어'라고 생각해보세요.

- '결코' '끔찍한' '절대로'란 표현을 쓰고 있지는 않은가?

  '절대로 그 일을 못할 거야' '열심히 한다 해도 결코 좋은 결과는 안 나올 거야' 이런 생각들은 자신을 마치 점쟁이처럼 여기는 겁니다. 어떤 결과가 나올지 미리 안다면, 흥분될 일도 없고 열정의 온도도 낮아지겠죠. '이 상황이 어떻게 흘러갈지는 아무도 모르지만, 최선을 다하다 보면 좋은 결과가 올 거야.' '어떤 일이 일어날지 미리 알 수는 없어. 그래도 내가 할 수 있는 최선의 일을 하자'라고 생각해보세요.

- 미래를 예측할 수 있다고 믿는 것은 아닌가?

- 이 일로 인해 다음 주, 다음 달, 내년에는 어떤 변화가 생길까?

- 만약 내가 한 달밖에 못 산다면, 이 일이 대체 얼마나 중요할까?

- 과거에도 이런 일이 있지 않았나? 그때 결과는 어떻게 되었나?

- 비슷한 상황에 처한 내 친구에게도 나는 이렇게 말할까? 아니면 뭐라고 말할까?

자신이
진정으로 원하는 걸
찾아보세요
- - - - - - - - - - -

어느 중년의 주부가 제게 이런 하소연을 한 적이 있습니다.

"나는 내가 좋아하는 것들을 잊어버렸어요. 이젠 내가 뭘 좋아하는지도 기억나지 않습니다."

그녀는 결혼 이후 자기 욕망을 잃어버린 걸 무척이나 안타까워했습니다.

어린 시절부터 남들이 좋아하는 것을 좋아하고, 남들을 기쁘게 해주는 것을 즐거움으로 삼고 살아왔다는 여성도 있었습니다.

"내 인생에서 행복을 찾는다는 느낌이 아니라 남의 인생에서 즐거움을 얻고 있다는 생각이 들어요. 어릴 때는 부모님이 좋다는 걸 좋다고 생각했고, 부모님이 옳다고 하는 걸 그대로 따랐어요. 지금은 남편과 아이들이 원하는 걸 하면서 그들이 좋아하면 저도 좋아합니다. 다른 사람들의 블로그나 SNS를 보면서 그들이 좋아하는 걸 즐기고요. 그러다 문득 이런 생각이 들었습니다. 처음부터 내가 좋아했던 건 뭐지? 이게 정말 내가 좋아하는 건가? 그러다 저는 제 스스로를 인정하지 못하고 믿지 못하는 것은 아닌지, 그래서 늘 다른 사람의 판단이나 인정이 필요한 게 아닌지, 마음이 복잡해졌습니다. 지금이라도 제가 정말로 좋아하는 걸 찾을 수 있을까요?"

어설픈 정신과 의사로 20년 가까이 일해오는 동안 삶의 여러 문제들을 고민하게 되었는데요. 그 가운데 하나가 '사람들은 자신이 진짜로 원하는 것을 잘 알고 있을까?' 하는 겁니다.

나에게 가장 좋은 것, 내가 원하는 것은 내가 제일 잘 알 것 같습니다. 하지만 막상 결정적인 선택의 순간이 오면 혼란스러워합니다.

내가 원하는 것을 정확히 알기란 말처럼 쉽지 않습니다. 그렇기 때문에 내 본성이 원하는 것이 무엇인지, 다른 사람이 아니라 내가 원하는 내 모습이 무엇인지 끊임없이 묻고 답하는 과정이 있어야 합니다. 내 자신의 욕망에 호기심을 갖지 않고 고민하지 않는 게 진짜 문제입니다.

우선 다른 사람의 의견을 묻기 전에 내가 원하는 게 뭔지 생각하세요. 그리고 선택하세요. 그러려면 자기 확신self affirmation 이 필요합니다. '나는 꽤 괜찮은 사람이야. 나는 나름대로 잘 살고 있어'라는 믿음이 있어야 내 선택에도 믿음을 가질 수 있습니다.

우리는 비난을 받거나 실패하면 우울해집니다. 여기서 벗어나려면 내가 인생에서 중요하게 생각하는 것들을 모두 떠올려보는 게 도움이 됩니다. 가족, 건강, 종교, 사회에 대한 기여 등 여러 가지가 있겠지요. 그 가운데 중요하게 생각하는 순서대로 우선순위를 매겨봅니다.

그다음엔 그것들이 왜 중요한지, 내 인생에서 어떤 의미가 있는지 떠올려 봅니다. 이렇게 생각해볼 수 있겠지요.

'일이 내 인생에서 소중한 까닭은 일을 통해 내가 성장할 수 있기 때문이다. 일을 통해 돈을 벌고, 그것으로 미래를 준비할 수 있기 때문이다. 나를 보는 남들의 눈 때문이 아니다.'

나의 가치를 증명할 수 있는 다양한 요소를 떠올려보세요. 회사에서 승진 시험을 잘 못 봤더라도 '나는 그래도 아이들은 잘 키우고 있어'라고 자기 삶의 의미를 다양한 영역에서 떠올려보는 것이지요. '내가 승진은 좀 늦었지만, 주말에는 노인들을 도우면서 사회에 기여하고 있어'라며 스스로를 자랑스럽게 느낄 수 있는 점을 생각해보는 겁니다. 그러다 보면 힘든 일이 생겨도 자기 자신을 지켜나갈 수 있게 됩니다.

마지막으로 '자기 확신 주문'도 좋은 방법입니다. 운동선수들이 '나는 잘할 수 있다'라고 마인드 컨트롤을 하고 예술가가 무대에 오르기 전 좋은 결과를 미리 떠올리면서 자신감을 얻는 것처럼 '나는 꽤 괜찮은 사람이다'라고 스스로를 독려하는 것이지요. 매일 아침 8시, 출근 준비 10분 전, 이런 식으로 시간을 정해두고 실천해보세요.

이 방법들을 실제로 해볼 생각을 하니 어쩐지 어색하다고 느낀다면, 그동안 스스로를 인정하고 칭찬하고 보듬어주는 데 인색했다는 뜻입니다. 상사가 인정을 해주어야 기분이 좋아지고 상사가 야단을 치면 한없이 우울해졌다면, 나의 가치를 상사에게 맡기고 타인의 인정에 이끌려 살았다는 뜻입니다.

자기 확신이 있으면 그렇게 살지 않게 됩니다. 나의 가치에 대한 확신은 나만이 할 수 있습니다. 다른 사람들에 의해 좌우되는 것이 아닙니다. 자기 확신이 있을 때 내가 진정으로 좋아하는 것이 무엇인지 찾을 수 있습니다.

마음의 타임머신 타기

*

당신은 어느덧 100세가 되었습니다. 방금 타임머신이 발명되었고 당신은 최초로 그것을 사용할 사람으로 선택되었습니다. 살아오는 동안 많은 지혜를 터득한 당신은 젊고 미숙한 자신과 만나서 15분을 함께 보낼 수 있습니다.

당신은 자신에게 무슨 말을 해주고 싶나요? 어떤 조언을 꼭 하고 싶습니까? 상상해보세요. 이제 15분 동안 지금의 당신에게 좀 더 행복하게 살 수 있는 방법에 대해 조언을 할 겁니다.

꼭 미래의 내가 아니라도 좋습니다. 돌아가신 할머니, 할아버지를 떠올려도 좋습니다. '나를 진정으로 사랑하는 사람이라면, 지금 내게 어떤 조언을 해줄까? 내게 무엇을 가르쳐주려고 할까?' 그분들의 목소리를 듣고 있다고 상상해봐도 좋겠습니다.

자, 조언을 들었습니까? 그렇다면 이제 실천하세요. 만약 가족과 좀 더 많은 시간을 보내라는 조언을 들었다면, 이제부터 매주 또는 격주로 한 번씩 가족들과 나들이 계획을 세워보세요.

외로운 사람을
곁에 두면
나도 외로워져요

남부럽지 않은 직장에 사랑스런 아내와 아이들도 있고, 인간관계에서 별반 갈등도 없습니다. 그런데도 외롭다고 하는 남자. 유난히 외로움을 많이 타는 성격이라 그런 걸까요?

외로운 사람들은 혼자라서가 아닙니다. 한 조사에서는 외롭다고 느끼는 사람들의 62.5퍼센트가 배우자와 함께 살고 있는 것으로 나타났습니다. 결혼이 외로움으로부터 자신을 보호해줄 거라고 기대하지만, 현실은 그렇지 않은 거지요.

저녁이 되면 남편은 텔레비전을 보고 있고 아내는 스마트폰을 들여다보고 있습니다. 남편은 출근해야 하니 10시만 되면 자고 아내는 늦게까지 드라마를 봅니다. 부부 사이의 대화는 아이와 돈 문제에 관한 것이 전부입니다. 정서적으로 단절되면 같이 살아도 외롭습니다. 퇴근해도 집에 들어가기 싫습니다.

친구들과 함께 있으면 좀 나을까요? 친구가 많으면 외롭지 않을까요? 오히려 아는 사람이 많고 이런저런 모임에 몸을 담고 있는 사람이 더 외롭기도 합니다. 너무 많은 사람들과 관계를 맺다 보면 깊은 정서적 교감과 유대감을 느끼기 힘들어집니다. 유명 인사나 힘깨나 쓴다고 알려진 사람이라면, 주변에 몰려드는 사람들을 전적으로 신뢰하기 힘들기 때문에 진실한 관계를 맺기 어려워집니다.

외로움은 전염됩니다. 외로운 친구를 곁에 두면 나도 외로워질 확률이 40~65퍼센트로 높아집니다. 외롭지 않은 사람을 세 번 거쳐야만 외로움의 전염을 막을 수 있습니다.

부부 사이에서는 외로움이 더 잘 전염됩니다. 남편이 회사 일을 마치고 가족이 있는 집에 왔는데 외롭다고 합니다. 아내는 신경이 쓰이고 걱정이 될 수밖에 없습니다. 그러다 보면 기분도 우울해지고 부정적인 생각이 듭니다. '내가 이렇게 신경 써주는데도 외롭다고? 그럼 난 뭐지?' 아내는 자신도 외롭다고 느끼게 됩니다.

또한 주변에 외롭다고 호소하는 사람들이 늘어나는 노년이 될수록 외로움에 전염될 가능성은 더 높아집니다. 〈유럽공공보건European Journal of Public Health〉 저널에 실린 2013년 영국의 연구 결과를 보면, 65세 이상 노인 가운데 심한 외로움에 시달리는 비율이 10퍼센트에 달했습니다. 때때로 외로움을 느끼는 비율은 30퍼센트에 달했고요. 미국에서는 약 6천만 명이 만성적인 외로움에 고통받는 것으로 알려졌습니다.

문제는 악순환입니다. 외로우면 인간관계에 갈등이 생기고, 인간관계가 원만치 않으면 더 외로워질 수밖에요. 외롭다고 느끼는 사람은 상대방의 거절, 거부 신호에 민감하게 반응합니다. 전혀 그럴 의도가 없는 중립적인 반응마저 거부의 표시로 받아들입니다.

예를 들어볼까요. 외로운 남편이 집에 돌아왔습니다. 아내는 설거지를 하느라 남편이 들어오는 줄 몰랐습니다. 남편은 퇴근해서 돌아왔는데 아내가 아는 체도 않는다고 생각합니다. 아내가 자신을 무시하고 자신을 필요로 하지 않는 거라고 해석합니다. 그러면서 더 외로움을 느끼고, 아내에 대한 원망을 키우게 됩니다.

외로운 사람은 그렇지 않은 사람보다 부정적인 것에 더

집중합니다. 한 연구 결과에 따르면, 외로운 사람은 불행한 광경이 담긴 사진을 보여주었을 때 외롭지 않은 사람보다 시각피질에 더 큰 자극을 받았습니다. '공포' '경쟁' 같은 단어를 보여주면 외로운 사람이 과제 수행에 더 오랜 시간이 걸리는 것도 같은 이유입니다.

외로운 사람은 자신의 결점을 찾는 경향이 더 강하고 타인에 대해서도 마찬가지입니다. 그래서 다른 사람들이 친절하지 않을 거라고 여기고 스스로를 지나치게 보호하려 듭니다. 그러다 보면 더 외로워질 수밖에요.

이렇듯 외로움은 세상을 보는 방식을 왜곡시킵니다. 외로움은 나 자신을 평가절하하게 만들고 인간관계를 망칩니다. 배우자가 나한테 관심이 없다고 느끼게 만들고 부부관계에 문제가 있다고 느끼게 만듭니다. 거절과 거부의 메시지에 집착하게 만듭니다. 무엇이 잘못인지 깨닫지도 못한 채 방어적이 되고, 그래서 더 외로워지고 상대방에게 적대적으로 되어갑니다.

우리는 누구나 외로움을 피할 수 없습니다. 하지만 외로움이 심리적 문제로 이어지지 않도록 할 수는 있습니다. 우선, 외로움이라는 자연스러운 정서를 내가 어떻게 인식하고 있는지 점검해보세요. 외로움을 느낄 때 내가 어떤 행동을 하는지 관찰해보는 것이지요.

외롭다고 무조건 사람들을 만나고 의미 없는 일에 시간을 쓰고 있지는 않나요? 술을 마시고 잠만 자려고 하거나 멍하니 텔레비전만 보고 있지는 않은가요? 외로움으로부터 달아나기 위해 몸이 아파도 집안일을 하면서 스스로를 괴롭히지는 않나요?

그렇게 한다고 외로움은 사라지지 않습니다. 외로움에 덧붙여 정신적·육체적 괴로움만 더 쌓일 뿐입니다.

외로움을 해결하는 가장 좋은 방법은 나처럼 외로운 사람에게 관심과 애정을 기울이는 겁니다. 사람으로부터 멀어지면 감정의 온도는 낮아집니다. 다른 외로운 사람에게 손을 내밀 때 감정의 온도도 올라갑니다. 따뜻한 눈빛, 따뜻한 말 한마디가 체온을 올리듯 감정의 온도를 높여 외로움을 막아줍니다.

내가 외로우면 배우자 역시 외로울 가능성이 큽니다. 배우자의 관심사에 대해 물어보세요. 거래를 위한 대화가 아니라 듣기 위해서 애쓰세요. 상대방이 내가 원하는 대답을 할 거라고 기대하지 마세요. 공유되는 경험을 만드세요. 배우자가 다른 방에서 혼자 텔레비전을 보고 있다면, 옆에 앉으세요. 그리고 말하세요.

"당신은 이 드라마를 좋아하는구나. 나도 보고 싶네."

당연히 배우자는 당황할 겁니다. 의심스러워할 거예요. 하지만 진지하고 진정성 있게 다가가세요. 드라마가 끝난 후 견해를 말해보세요. 어떤 부분이 재미있었고 의미 있었는지.

큰 노력이 들지 않는 활동을 제안해보세요. 거절할 가능성이 낮은 것을 제안해야 합니다. 퇴근 후에 같이 공원을 걷는다거나, 결혼식 앨범을 같이 보거나, 아이들 사진 정리를 같이 해도 좋고, 같이 볼 영화를 골라도 좋습니다.

상대방의 관점을 이해하기 위해 노력해보세요. 아무리 결혼생활이 아무리 오래되었고 긴 시간을 친구로 지냈어도, 상대방의 마음을 잘 모를 수 있습니다. 함께한 시간이 길어지면 길어질수록 우리는 상대를 더 잘 안다고 착각합니다.

그 사람의 마음을 상상해보세요. 그 속에서 바라보고 같이 느껴보세요. 어느덧 나의 외로움도 줄어들 겁니다.

 삶의 온도를 조절하기 위해 해야 할 일

내향성 이해하기

•

외향적인 사람들에게 현실은 외부에서 일어나는 일입니다. 반면 내향적인 사람들에게 현실이란 내면에서 일어나는 일입니다. 외향적인 사람들은 생각하는 데 시간을 허비하지 않습니다. 그저 일어나서 행동합니다. 내향적인 사람들은 생각하고 분석하는 데 많은 시간을 보냅니다.

내향적인 사람들이 하지 않는 일은 의미 없는 잡담입니다. 관심 있는 주제라면 귀를 기울이지만 아무 의미 없는 얘기라면 따분한 척 행동합니다. 그들은 딱히 적절한 말이 없는 상황에서도 뭔가 의미 있는 말을 찾으려고 무던히 애씁니다.

문제는 모르는 사람과 만나면 어느 정도는 무의미한 얘기를 떠들어야 의미 있는 업무 얘기를 쉽게 꺼낼 수 있다는 점입니다. 내향적인 사람들이 가장 두려워하는 것이 바로 이 약간의 무의미입니다. 그러니 당신이 내향적인 사람이라면 잡담을 미리 연습하세요. 연습하면 실수하는 횟수가 줄어듭니다.

내향적인 사람들은 좀 더 품위 있게 늙을 수 있습니다. "쾌활해져라." 나무라는 듯한 말은 무시해도 됩니다. 다른 사람들이 뭐라고 하든 주관을 갖고 행동하세요. 만일 잡담에 조금도 소질이 없다면 오히려 침묵을 자랑으로 여기세요.

기분이 변해서 외향적인 자아가 나타날 때도 서툴거나 어리석어 보이는 것에 상관 말고 행동하세요. 누구나 자기 전공이 아닌 것에는 서툴게 마련입니다. 우리는 각자 잘할 수 있는 부분이 따로 있습니다. 모든 걸 잘해야 한다고 생각하는 것은 오만입니다.

때론 거절이
나를 지켜줍니다

얼마 전 어느 대학병원 의료원장님이 저에게 직접 연락을 해 강의를 부탁하셨습니다. 여력도 없고, 부담스러운 자리라 거절하는 것이 마땅한데도 저는 그만 수락하고 말았지요. 그러고 났더니 위장이 꽉 막히는 느낌이 들고 숨도 잘 안 쉬어지더군요. 또 한 번 땅을 치고 후회했습니다.

사실 저는 거절을 잘 못 합니다. '인간적으로' 부탁해오면 아무리 무리한 부탁이라도 그만 넘어가버리고 맙니다. 그러다 일이 쌓이고 시간에 쫓기면 그제야 내가 왜 그랬을까 후회합니다.

상담을 하다 보면 이런 문제로 고민하는 사람들을 적지 않게 만나게 되는데요. 일이 많아서 쓰러질 것 같아도 누군가가 부탁하면 밝은 얼굴로 "네!" 하고 대답하고는 정작 자신의 일은 처리를 못 하니 화가 난다는 어느 여성도 있었습니다. 애초부터 거절했으면 화날 일도 없을 텐데, 거절하면 마음이 불편하니 부탁을 들어준 것이지요. 그래야 마음이 편하니까요.

이런 일은 보통의 직장인이라면 누구나 경험해본 (그리고 지금 이 순간도 겪고 있는) 어려움 가운데 하나일 겁니다. 부탁을 거절하지 못해 하나둘씩 일을 떠맡다 보면 나중에는 "호구가 된 것 같은 생각이 들어 화가 났다"라는 하소연을 종종 듣습니다.

일반 직장인뿐 아니라 자기 사업체를 운영하는 사람들도 다르지 않더군요. 제가 상담했던 어느 사장님은 '덕장德將'이 되고 싶어서 직원들의 개인적인 부탁도 다 들어주려 애를 썼다고 합니다. 그러다 보니 이젠 직원들이 자신을 너무 쉽게 생각하는 것 같다고 했습니다. 저는 물었습니다.

"무슨 일이 있었나요?"

"직원들과 함께 간 빵집에서 가족들 주라고 빵을 따로 챙겨주었더니, 나중에는 대놓고 가족 몫의 빵까지 계산해달라고 가져오더라고요. 겉으로는 웃으며 다 계산해줬지만, 속은 부글부글 끓었어요."

손해를 보면서까지 타인의 청을 들어주는 일이 반복되거나, 마지못해 들어주고 나서 부정적인 감정이 쌓여간다면, 자기 마음을 점검해볼 필요가 있습니다.

거절을 못하는 원인은 내면에 자리한 '소외에 대한 공포isolation fear' 때문인 경우가 많습니다. '부탁을 거절하면 나중에는 나도 거절당하게 될 거야. 그러면 나는 혼자 남겨지고 말겠지'라는 믿음이 뿌리 깊게 자리 잡고 있는 것입니다. 거절 이후 발생할 결과를 실제보다 더 재앙적인 상황으로 인식하는 것이지요. 이와 같은 심리적 왜곡 현상을 '엄격 편향harshness bias'이라고 부르기도 합니다.

사실 거부당하고 소외되는 것만큼 인간의 마음을 괴롭게 만드는 것은 없습니다. 이는 거부와 관련된 상처 경험이나 부모와의 불안정한 애착관계에서 비롯된 것일 수도 있지만, 사람이라면 누구나 갖고 있는 실존적 불안이기도 합니다.

서로 모르는 세 사람이 그저 같이 있으면 아무렇지 않은데, 나를 제외한 나머지 두 사람이 캐치볼을 하는 모습을 보고 있으면 마음이 괴로워집니다. 나만 빼고 다른 사람들끼리 상호

작용하는 것을 관찰만 해도 심리적 고통이 일어납니다. 이는 유명한 심리학 실험을 통해서도 입증된 사실인데요. 이런 상황에서는 신체적 고통을 느낄 때와 마찬가지로 배측 전대상피질이라는 뇌 영역이 활성화된다고 합니다. 이런 심리적 고통은 암 환자가 느끼는 통증이나 출산할 때의 고통과 맞먹는다고 주장하는 이도 있습니다(그래서 '왕따' '은따'가 무서운 겁니다. 이런 일은 절대 없어야 합니다).

내키지 않는 일을 억지로 받아들이는 경험을 반복하다 보면 '나는 무력하다'는 느낌에 지배당할 수밖에 없습니다. '나는 무력하지 않다'는 것을 증명하기 위해 나보다 약한 존재를 감정적으로 억압하려는 유혹에 넘어가버리기도 하고요.

이런 일이 반복되면 거절이 타인으로부터 나를 소외시키는 것이 아니라 내가 진정한 나로부터 소외당하는 결과가 생깁니다. 현실의 내 모습은 진짜 자기와 점점 더 멀어지고 맙니다.

이를 자기 정체성으로부터의 소외라고 하는데요. 사실 이게 더 무서운 겁니다. 그러니 거절하는 것을 두려워할 게 아니라 '거절이 나를 지켜준다'라고 생각해야 합니다. 적절하게 거절할 줄 안다는 것은 '나는 나를 존중할 줄 안다'는 뜻이기도 하니까요.

상사가 지나친 업무를 강요할 때 거절하는 법

상사의 말에 우유부단하게 흔들려서는 안 됩니다. 내 의견을 하나로 모으고, 일정하게 머물러 있어야 합니다. 그렇다고 해서 고집스럽게 내 의견만을 내세워서도 안 되고요. "저는 이러저러한 이유로 A가 더 나은 결정이라고 생각합니다" 정도로 이야기하세요. 예를 들어 아래와 같이 거절할 수 있겠지요.

- "절 믿어주셔서 고맙습니다. 하지만 저는 이것을 받아들이기 어렵습니다. 지금 다른 업무와 책임을 받아들일 경우 제 고유 업무를 제대로 수행할 수 없기 때문입니다."
- "저에게 이런 업무를 맡겨주셔서 기쁩니다. 그러나 현실적으로 저는 지금 일하는 것을 포기하지 않는 한 그 일을 할 수 없습니다. A와 B 가운데 제가 어떤 업무에 우선순위를 두길 바라시나요?"
- "물론 맡겨주신 일을 할 수 있습니다. 다만 다음 주 중에 해도 괜찮겠습니까? 현재 해야 할 일이 많아서 정신이 없는 상태라서요."

화가 난다는 건
마음이 많이
지쳐 있다는 말
- - - - - - - - - - - - - - - -

＊＊
＊

요즘 '분노 조절 장애'라는 말이 유행처럼 사람들 입에 오르내리고 있는데요. 사실 그런 진단 용어는 없습니다. '간헐적 폭발 장애'가 정확한 진단명입니다. 발작적인 분노 폭발이 반복될 때, 특히 폭력적인 행동이 자신과 타인에게 피해를 입힐 정도일 때 이 진단을 고려하게 됩니다.

그런데 간헐적 폭발 장애는 실체가 명확하지 않은 병입니다. 예를 들어 어떤 사람이 화가 날 때마다 사람들에게 주먹을 휘둘러댄다고 해서 간헐적 폭발 장애라고 바로 진단하지는 않습니다. 정말로 화가 날 만한 상황이었는지, 표출된 분노의 강도가 그 상황에 적절한 수준이었는지, 당사자나 주변 사람들에게 피해가 생겼는지, 그리고 분노를 스스로 통제할 수 있다고 느꼈는지 세밀하게 조사해야 합니다.

이 모두를 충족한다고 해서 꼭 간헐적 폭발 장애 진단이 내려지는 것도 아닙니다. 우울증이나 양극성 장애, 조현병 같은 정신 질환 때문일 수도 있으니까요. 인격 장애에서 비롯된 폭력 행동일 수도 있으니 성격 문제도 고려해야 합니다. 자기 조절 장애가 동반되는 신경과나 내과 질환이 숨어 있는지도 검사해봐야 합니다.

무엇보다 간헐적 폭발 장애가 법적인 문제에 대한 면책 사유로 악용될 소지는 없는지 따져보는 게 중요합니다. 돈 때문에 가족을 살해하고, 치정에 얽혀 불을 지르거나, 상대방이 거슬린다고 야구방망이를 휘둘러대는 행동은 범죄일 뿐입니다. 죄책감마저 느끼지 않는다면 윤리와 도덕의 결여이지 정신 장애에서 원인을 찾아서는 안 됩니다.

대다수의 선량한 시민은 화가 난다고 삼단봉을 펼쳐 들거나 외투 속에 칼을 품고 다니다가 휘둘러대지 않습니다. 정당하게 분노를 느낄 만한 일조차 화를 내고 난 뒤에는 '조금만 더 참을걸. 괜히 소리 질렀나 봐' 하고 후회합니다. '내가 잘못한 것도 있지 않았을까?'라며 자신을 돌아보고 '더 참지 못한 내 잘못이야'라며 자책합니다. 이것이 보통 사람의 마음입니다. 대부분의 사람들에게는 선한 마음과 선한 의도가 더 크게 자리하고 있습니다.

실제로 간헐적 폭발 장애로 진단되는 사람은 많지 않습니다. 연구 결과를 봐도 간헐적 폭발 장애의 유병률은 높지 않습니다. 뉴스에서는 충격적인 사건이 일어날 때마다 분노 조절 장애를 연결 지어 말하곤 하지만 범죄자가 실제로 간헐적 폭발 장애를 앓고 있을 가능성은 매우 낮습니다.

그런데도 분노 조절 장애라는 말이 왜 이렇게 널리 퍼지게 되었을까요? 아마도 그건 우리들 마음속에 분노가 가득하기 때문 아닐까요?

술만 마시면 폭력을 휘두르는 남편과 이혼하지 않고 '아이를 위해 참고 살아야지' 하며 자신을 주저앉히는 여성, 상사가 폭언을 쏟아내도 '회사에서 잘리지 않으려면 참아야지' 하며 모멸감을 억누르는 직장인, 자기가 정말 왕인 줄 알고 막말을 해대는 손님에게 '괜히 말대꾸했다가 문제가 생기면 곤란해' 하며 분을 억누르고 억지웃음을 짓는 감정노동자가 우리 사회에 얼마나 많은가요.

어렵게 대학에 들어가서는 비싼 등록금 벌려고 밤잠 줄여가며 아르바이트를 하고, 그러면서도 열심히 스펙을 쌓아 졸업했는데 취직하기는 하늘의 별 따기라면, 시키는 대로 열심히 일했는데 어느 날 갑자기 회사 사정이 좋지 않으니 나가라는 통보를 받고 실업자가 된다면, 꼬박꼬박 세금 내며 살았는데 재난이 생겨도 보호받지 못하는 사회에 살고 있다고 느낀다면……. 이런 일들을 겪을 때마다 우리의 마음에는 금이 가고, 금이 간 곳에서는 분노라는 감정이 자라날 수밖에 없지 않을까요.

언제부터인가 우리는 사소한 무례에도 그냥 지나치지 못하게 되었습니다. 조금이라도 손해를 볼 듯하면 고함이라도 질러 내 몫을 찾아야 한다고 믿게 되었습니다. 참으면 오히려 내가 당한다는 믿음이 전염병처럼 퍼졌습니다.

우리는 분노 중독이라고 할 만큼 사소한 자극에도 쉽게 화를 내게 되었습니다. 다른 사람에게 분노를 표출하면 일시적으로 감정이 해소되고 타인을 지배하는 듯한 느낌이 들지요. 이것이 습관화되면 좌절감이나 무력감을 느낄 때마다 화내는 것으로 해결하게 됩니다. 스트레스를 받을 때마다 화를 내서 해소하려는 습관에 젖어들게 됩니다.

도대체 어디서부터 잘못된 것일까요?

가장 큰 원인은 두 가지입니다.

첫째, 우리는 모두 지쳐 있기 때문입니다. 재독 철학자 한병철 교수의 말처럼 우리는 '피로 사회'에 살고 있기 때문입니다. 하루 종일 직장에서 시달린 맞벌이 부부는 퇴근해서도 부부싸움을 하게 될 가능성이 큽니다.

막무가내 상사의 폭언을 꾹 참아내고, '진상 고객'에게 웃으며 응대했지만 집에서는 별것 아닌 일로 식구들한테 신경질을 부린 경험, 누구나 한 번쯤은 있을 겁니다.

일에 너무 많은 에너지를 소진해버려서 정서를 조절하는 능력에 문제가 생긴 겁니다. 이런 현상을 '자아 고갈ego depletion'이라고 하지요. 경쟁과 성과, 돈과 효율을 강요당하다 보니 우리는 쉽게, 자주 자아 고갈에 빠지게 되었습니다.

자아가 고갈되면 화를 억제하거나 충동을 미뤄두기 힘들어집니다. 사소한 자극에도 예민하게 반응하고, 욕구가 즉시 충족되지 않으면 쉽게 분노가 일어납니다.

평소보다 더 예민하고 짜증이 나는가요? 별것 아닌 일에 욱하게 됩니까? 어떤 사람이 당신을 열 받게 한다고 느껴지나요? 그렇다면 자아 고갈을 의심해봐야 합니다. 참고 사느라 탈진해버린 건 아닌지 스스로를 되짚어봐야 합니다.

화를 조절하기 어렵다면, 뇌가 피로에 빠졌다는 신호일 수 있습니다. 이럴 때 '더 참아야 해, 더 열심히 해야 해, 더 잘해야 해'라며 자신을 쥐어짜려 하면 안 됩니다. 자신을 돌아보고 다독여주어야 합니다. 따뜻한 밥 먹고 충분히 쉬어야 합니다. 자신에게 심심함을 허락해야 합니다.

둘째, 신뢰가 사라졌기 때문입니다. 원칙대로 살면 내 권리와 내 생명이 안전하게 지켜질 것이라는 믿음, 누구에게나 공평한 기회가 주어질 것이라는 믿음이 점점 사라지고 있기 때문입니다. 물론 원칙이 백 퍼센트 지켜질 수는 없고 누구나 실수를 합니다. 의도치 않게 잘못을 저지르기도 합니다. 이상과 달리 현실은 완전하게 공평할 수 없습니다.

우리는 누구나 이 사실을 압니다. 그래서 다른 사람의 조그만 실수쯤은 눈감고 지나갑니다. 억울한 일을 당해도 '피치 못할 사정이 있어서 그랬겠지. 다음에는 나아지겠지'라며 이해하고 용서하게 됩니다.

하지만 신뢰가 사라진 세상에서는 '이 사람이 나를 골탕 먹이려고 이러는구나' 하고 상대방의 의도를 나쁘게 해석하게 됩니다. '나만 이렇게 당하고 사는 거 아니야?' 하며 세상을 의심하게 됩니다. 배신당한 경험이 쌓이면서 '나 말고는 아무도 믿어서는 안 돼'라는 생각이 확고해집니다.

이런 생각이 세상에 퍼지면, 분노를 느낄 일도 많아지고 내 것을 지키기 위해서는 목소리를 높이고 화를 내야 한다는 생각이 굳어집니다. 신뢰가 사라진 세상에는 분노가 역병처럼 퍼질 수밖에 없습니다.

하지만 세상에는 선한 마음을 가진 사람들이 훨씬 더 많다는 사실을 잊지 마세요. 팍팍한 현실이지만, 앞으로는 나아질 거라는 희망만은 버리지 마세요. 어떤 이를 향해 분노가 솟으려 할 때마다 마음속에 떠올려보세요. 그 사람을 사랑하는 아버지와 어머니가 있다는 것을, 우리는 누구나 다른 누군가의 소중한 존재라는 것을.

우리 모두는 각자 귀한 존재라는 사실을 잊지 않으려 노력한다면, 분노할 일도 그만큼 줄어들 것입니다.

화내기 전에 생각해야 할 여덟 가지

•

애초에 화를 잘 내는 사람이 따로 있을까요? 욱하는 성격상 어쩔 수 없는 것일까요? 아니요, 전문가들은 훈련하기 나름이라고 말합니다. 꾸준히 훈련하면 같은 상황이 와도 화가 나지 않는다는 것입니다. 심리학자들이 말하는 화내지 않는 법을 연습해봅시다.

1. '~해야만 한다'는 생각을 버리세요. '이건 있을 수 없는 일이야' '그 사람은 나한테 최소한 이렇게 했어야만 해' 같은 생각을 하고 있진 않은지 점검해보세요. '내가 삼촌뻘인데' '내가 그동안 부장님께 어떻게 했는데' 같은 생각도 자기만의 기준일 뿐입니다.
2. 극단적인 표현을 삼가세요. "저 사람과는 끝이야" "짜증 나서 미치겠어" 대신 "기분이 좋지 않아"라고 말해보세요. 표현에 따라 기분도 바뀐답니다.

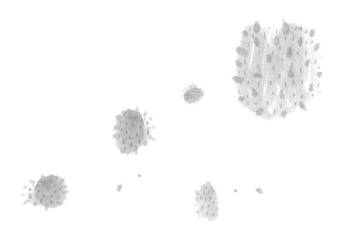

3. 사람과 행동을 구별하세요. 행동이 아니라 사람을 나쁜 사람으로 규정해서 나의 분노(또는 욕설과 폭력)를 정당화하려는 경향을 주의 해야 합니다.

4. 오늘 낼 화를 내일로 미루세요. 흥분한 상태에서는 실수하기 쉽습니다. 당장 화를 내고 싶어도 일단 미뤄둡니다. 차분한 상태로 대응하는 게 언제나 더 이롭습니다.

5. 화내는 게 어떤 이익이 있는지 생각해보세요. 대개 분노 표출은 인간관계와 상황을 악화시킬 뿐입니다. 화내봤자 얻는 게 없다고 생각되면 즉각 단념합니다.

6. 제삼자에게 화풀이하지 마세요. 갈등이 두 배가 됩니다. '나는 화가 났으니까 이래도 된다'고 생각하는 순간 외톨이가 되고 맙니다.

7. 좋았던 때를 떠올리세요. 누군가에게 화가 났을 때, 그와 즐거웠던 추억을 떠올리고 그 기억에 몰두해보세요. 나쁜 기억을 몰아내려고 노력해보세요.

8. 남의 일처럼 생각해보세요. 내가 주인공인 드라마를 보는 기분으로 한 발 떨어져 생각하면 비극적인 상황도 낭만적이거나 코믹하게 느껴진답니다.

내가 행복해야
다른 사람도
사랑할 수 있습니다

- - - - - - - - - - - - - - - - - - - -

40대 중반의 한 남성이 아직 결혼을 못 해 고민이라고 상담을 청해왔습니다. 좋은 대학 나와서 대기업에 취직해 착실하게 승진하며 살고 있지만, 부모님과 함께 살고 있고 5형제 가운데 장남이라는 소리를 들으면 선이나 소개팅 자리에 나온 상대방의 표정이 달라지더랍니다.

그런 일이 반복되다 보니 이제는 마음에 드는 여성을 만나도 움츠러들고, 상대가 호감을 보여도 결국은 그만 만나자고 할 테니 상처받기 싫어서 미리 포기하게 된다고요. 학벌 좋겠다, 직장 좋겠다, 30대까지만 해도 자신만만했는데 아직 집

장만도 못 했고 슬슬 명퇴를 고민해야 할 나이에 결혼도 못 하고 있으니, 자신감이 급격히 떨어졌다며 그는 자신감을 채우고 싶어 했습니다.

저는 이렇게 말했습니다.

"뾰족한 해결책을 알려드리지는 못할 것 같습니다. 부모를 모시고 사는 5형제의 장남을 환영할 만한 신랑감이라고 여기는 사람이 현실에서는 많지 않을 테니까요."

다만 결혼을 전제하고 여성을 만나지는 말라고 조언했습니다. 처음 만난 남자가 결혼해야 한다는 생각이 강하다면 여성 입장에선 당연히 부담스럽고 연애가 진행될 리 없겠지요.

저는 그에게 스스로 재미있게 살았으면 좋겠다고 이야기했습니다. '나'라는 사람이 즐겁고 행복한 사람이 되려고 노력했으면 좋겠다고요. 결혼을 했든 안 했든 여행도 다니고, 남다른 취미나 특기도 길러보고, 40대 중반이지만 '몸짱' 소리를 들을 만큼 운동도 열심히 하고, "저 사람 참 즐겁고 재미있게 사네" "저렇게 살면 굳이 결혼하지 않고 혼자 살아도 되겠어"라는 이야기를 들을 정도로요.

우리는 어떤 목적지에 도달하면 행복해질 거라고 상상합니다. 어떤 목표를 달성하면 마침내 평화를 찾을 수 있을 거라고 자신을 타이르지요. 대학을 졸업하면, 취직을 하면, 돈을 많이 벌면, 결혼을 하면 행복해질 거라고 생각합니다. 과연 그럴까요?

힘들게 목표를 이루지만, 결국은 얼마 안 가 이전의 행복 수준으로 돌아갑니다. 평소에 매사를 불안하고 초조하게 느끼는 사람이라면, 언젠가 꿈을 이룬다 해도 얼마 지나지 않아 다시 부정적인 느낌이 들기 때문이지요.

현재의 시간을 어두운 기대감으로 무너뜨리며 살지 마세요. 우리는 과거나 미래의 노예가 되지 말아야 합니다. 지금 우리 앞에 있고 우리 곁에 있는 것을 가장 소중하게 생각해야 합니다. 어떤 일이 일어나면 영원히 행복해지리라는 믿음은 실망으로 이어지게 마련입니다. 지금 내 자리에서 행복한 경험을 꾸준히 쌓아가는 것이 조금씩 더 행복해지는 길입니다.

그러니 결혼이라는 목표를 갖고 사람을 만나지 말았으면 좋겠습니다. 결혼을 하게 되든 못 하게 되든 적극적으로 사람을 만나는 것이 중요합니다. 나이가 있는데 결혼하지도 않을 마음으로 사람을 만날 수 있느냐 할 수도 있겠습니다만, 그래도 사람들을 많이 만나고, 감정을 교류하고, 내가 진정으로 원하는 사람은 어떤 사람인가를 찾아가려는 노력을 멈추지 않아야 합니다.

많이 만나되 그 이후의 일들을 너무 고려하지 않았으면 좋겠습니다. 결혼을 의식할수록 만남은 제한되고, 인연으로 이어질 가능성은 더 낮아질 테니까요.

삶의 온도를 조절하기 위해 해야 할 일

인생 선언문 되새기기

5분만 시간을 내십시오. 그리고 인생의 목적에 대해 말해보세요. 가슴 속에 숨겨둔 삶의 목표에 대해 이야기해보세요.

인생의 목적이라고 할 수 있는 목록을 작성해보십시오. 우선순위도 정해보십시오. 무엇이 첫 번째에 해당하고, 어떤 것이 그다음인지 구분할 수 있습니까? 하나로 모아지는 목표들이 있습니까?

목록으로 만들고 우선순위를 정했다면, 이제는 이것들을 합쳐서 하나의 문장으로 표현해보십시오. 이 문장이 바로 당신의 삶에서 행동 지침이 되는 선언문입니다.

이 선언문을 지켜나갈 수 있도록 도구를 이용해보세요. 이를테면 작은 돌처럼 손에 쥐었을 때 딱 맞는 물건 하나를 찾아보세요. 손바닥에 돌을 올려놓고 주먹을 꼭 쥐고 감촉을 느껴봅니다. 돌을 손에 쥔 채 인생 선언문을 읊조립니다.

대부분의 시간은 주머니 속에 들어 있는 돌을 의식하지 못할 겁니다. 하지만 돌의 감촉이 느껴질 때마다 선언문을 읊조리다 보면 매 순간 그것을 마음속에서 놓치지 않게 됩니다. 피곤하거나 속상할 때, 주의 집중이 안 될 때, 화가 날 때, 마음이 흐트러질 때도 말이지요. 마음가짐을 새롭게 할 필요가 있을 때는 그 돌을 만지면서 마음을 가다듬을 수도 있고요.

내가 계획하고 실천하는 모든 것들이 인생의 목적과 연결되어 있어야 합니다. 지금의 내 모습이 미래의 목표와 연결되어 있다는 강한 느낌이 필요합니다.

2장

이제 그만 관계의 공회전을
멈춰보아요

●

관계의 온도 받아들이기

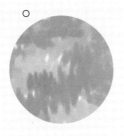

어쩌다 당신은
이렇게
냉정한 사람이 됐나요
- - - - - - - - - - - - - - - - -

자신이 실제로 느끼는 감정을 표현하지 못하고 조직에서 요구
하는 규칙에 따라 감정을 표현하도록 강요받을 때, 우리는 '감
정노동을 한다'라고 말합니다. 감정노동자가 고통을 받는 이유
는 정당하게 화를 낼 권리조차 박탈당했다고 느끼기 때문입니
다. 자신의 고유한 감정마저 왜곡한 채 일해야 한다는 비애감
때문이기도 하고요.

　　외국의 연구 결과를 보면 감정노동자는 자녀에게도 감정
을 억누르도록 하는 경향이 강하다고 합니다. 일하느라 에너
지를 다 소진해버려 가족에게조차 사랑을 나눠줄 여력이 없

는 것이지요.

파김치가 되어 집에 와서 가족과 사랑을 나눌 힘조차 남아 있지 않다면, 잃어버린 사랑에 대한 보상을 고용주에게 돈으로라도 더 받아내야 한다고 저는 주장하고 다니는데요. 육체노동이나 정신노동에 상응하는 감정노동에 대한 급여 항목이 반드시 따로 있어야 한다고 봅니다(몇몇 화장품 회사에서는 실제로 감정노동에 해당하는 급여 항목이 있다고 합니다).

만약 당신이 감정노동자이고, 무례하게 굴며 상식 밖의 언행을 하는 고객을 만난다면 그가 어떤 삶을 살고 있을지 상상해보세요. 그 사람의 언행을 용서할 수 있는 이유를 떠올려보는 겁니다. '아, 갑자기 암 진단을 받고 충격을 받아 그럴 수도 있겠구나' '가족이 중환자실에 있어서 심리적으로 여유가 없나 보다' 하고 말이지요.

딱히 이런 상황도 아닌 것 같은데 막무가내로 구는 사람이 있다면 '어쩌다 당신은 이렇게 냉정한 사람이 됐나요?'라며 측은하게 여기십시오. '퇴근하면 이 사람을 안 봐도 되니 나는 얼마나 행운아야? 같이 사는 가족들은 얼마나 힘들까?'라고 상상해봐도 좋습니다.

냉수를 마시거나, 얼음을 깨물어 먹거나, 아무도 없는 곳에서 소리를 지르거나 하는 것도 도움이 됩니다. 마음 건강을 지키기 위해서는 억울한 감정, 모욕감을 억지로 참으려 해서는 안 됩니다. 나중에는 탈진 상태에 이르게 되니까요. '내가 왜 이 일을 하고 있나' '나는 이 정도 가치밖에 없는 사람인가' 하는, 삶이 무의미하고 내 정체성이 부정당하는 느낌이 벌칙처럼 따라오니까요.

수치심과 모욕감을 느낀 사건의 충격은 생각보다 훨씬 오래갑니다. 그러니 "한두 달 지나면 괜찮아질 거야. 왜 아직도 그 생각에서 못 벗어나!"라고 함부로 말해서는 안 됩니다. 그때 그 상황을 곱씹거나 '나는 왜 바보같이 그 순간 가만히 듣고 있었을까? 왜 강하게 반박하지 못했을까? 나는 부당함에 대항하지도 못하는 겁쟁이야'라고 자책해서도 안 됩니다. 반추에 빠져들면 불쾌한 감정은 배가됩니다.

불쾌한 기억을 극복하는 (억지로 잊으려 하는 것이 아니라) 방법은 새로운 기억을 만드는 겁니다. 불쾌한 기억에서 벗어나게 하는 것은 생각이 아니라 체험입니다. 사랑하는 가족과 수다도 떨고, 연인과 손잡고 영화도 보고, 산들바람이 불어오는 숲길을 산책하고, 위안이 되는 음악을 몰입해서 듣는 체험이 필요합니다. 이렇게 하는 것이 상담을 받는 것보다 훨씬 효과가 좋습니다.

비록 회사에서는 무시당하고 고객에게는 막말을 들었지만 '내게는 나를 필요로 하는 가족이 있다. 내가 이 세상에서 살아야 하는 이유는 따로 있다'라고 자긍심을 되새길 수 있어야 합니다.

안타까운 말이지만, 감정노동으로 상처 입은 자존감을 구원해내는 궁극적인 방법은, 자기 삶의 가치를 회사가 아닌 다른 곳에서 찾아내는 것밖에 없습니다.

자신을 다그치지 마세요. 자신의 감정을 무시하면서 이루어내는 성과는 쉽게 허물어집니다. 단단하게 굳힌 뒤, 한 발 한 발 내딛는 발걸음이 오래가는 법입니다. 나에게 주어진 환경을 이해하고 일과 자신의 삶을 분리해낼 줄 아는 지혜, 타인의 감정에 지배당하지 않는 단단함, 그리고 이 모든 것을 한 단계 발전하기 위한 인생의 기회로 인식하는 것. 이런 마음가짐이면 충분합니다.

자기만의 보폭으로 꾸준히 한걸음씩 내딛다 보면 그 마음이 빛을 발하는 순간을 반드시 만나게 될 테니까요.

삶의 온도를 조절하기 위해 해야 할 일

스트레스 흔들어 풀기

●

1. 안 쓰는 종이를 마구 구겨서 쓰레기통에 골인시키세요. 내 쓰레기 통 말고 남의 쓰레기통에 하면 더 재미있습니다.

2. 자리에서 일어나 스트레칭을 하세요. 선 채 허리를 구부리고 손을 바닥에 대는 것 아시지요?

3. 의자에서 일어나 재빠르게 책상 정리를 하세요. 지금 즉시 1분 만에 하셔야 합니다.

4. 눈을 감고 1분 동안 멍청해지세요.

5. 근처에 있는 물건까지 몇 발자국 만에 갈 수 있는지 마음속으로 세보세요. 그런 다음 자리에 돌아와서 눈을 감고 그 발자국만큼 가보세요.

6. 눈을 감고 머리에서부터 발끝까지 파도가 쳐서 내려간다고 생각하세요.

7. 컵에다 물을 받아 마셔요. 정확이 30번 찔끔찔끔 마시세요.

8. 눈을 감고 〈빨간 마후라〉를 흥얼거리세요. 노래를 모른다고요? 그러면 아무 노래나 하세요.

9. 눈을 감고 가장 신났던 때를 생각하세요.

10. 일어서서 할 수 있을 때까지 발끝으로 서 있어요.

11. 동전을 세워보세요. 더 스트레스가 쌓인다는 사람도 있지만요.

12. 60초간 뚫어지게 눈도 깜박이지 않고 물건을 바라보다가 눈을 감

으세요. 그리고 감은 눈으로 다시 그 물건을 보세요.

13. 사탕이 있으면 60초간 입에 물고 그 단맛을 느끼다가 뱉어버리세요. 아깝다고 생각하지 마세요.

14. 당신이 최고라고 생각하는 영화 제목을 다섯 개 적어요.

15. 종이비행기를 접어서 창밖으로 날려보세요.

16. 신발도 벗고 양말도 벗고 발가락을 꼼지락거려요.

17. 팔굽혀펴기를 10회 해요.

18. 손발을 들고 로봇 흉내를 내봐요.

인터넷이 아닌
진짜 삶에
접속해보세요
- - - - - - - - - - - - -

인터넷 좀 한다는 분들이라면 '디스커넥트 투 커넥트_{Disconnect To}

Connect'라는 동영상을 본 적이 있을 겁니다.

　바닷가 모래 위를 연인이 다정하게 걷고 있습니다. 가볍게
일렁이는 파도와 시원한 바닷바람도 느껴집니다. 이때, 남자가
스마트폰을 꺼내들고 무엇인가를 확인합니다. 그러자 같이 걷
고 있던 여자가 순식간에 증발해버리고 백사장의 발자국으로
만 남습니다. 하지만 남자는 연인이 사라진 줄도 모른 채 스마
트폰을 들여다보며 계속 걸어갑니다.

　영상의 압권은 마지막 부분입니다. 집에서 스마트폰으로

주가 동향을 확인하던 남자가 스마트폰을 내려놓습니다. 그러자 혼자 움직이며 그림을 만들어내던 크레파스에서, 환한 웃음을 지으며 아빠를 쳐다보는 딸아이의 모습이 마법처럼 짠하고 나타납니다.

스마트폰을 들고 있을 땐 사라졌던 연인, 친구, 가족이 스마트폰을 내려놓자 하나둘 모습을 드러내는 영상들이 심금을 울리는 음악과 함께 이어집니다. 저는 소름이 돋았습니다. 저 자신을 많이 반성하게 됐거든요.

사람들은 끊임없이 연결되기를 원합니다. 연결되어 있지 않다고 느끼면, 뇌 속의 불안 회로에 금세 빨간 불이 켜집니다. 혼자 남겨지면 죽을 수도 있다는 생각이 무의식적으로 떠오릅니다.

삶이 행복하고 의미 있다고 느끼기 위해서도 우리는 연결되어 있어야 합니다. 이 세상에 혼자 남겨져 살아간다면, 수백만 원짜리 루이뷔통 백을 들고 다니거나 수억 원짜리 벤틀리 자동차를 타고 다닌다 해도 하나도 행복하지 않을 겁니다. 사람 때문에 괴롭기도 하지만 사람이 있기 때문에 "인생은 아름다워"라고 말할 수 있는 겁니다. 혼자 덩그러니 남겨진다면 삶에는 아무 의미가 없어집니다.

의미는 다른 것과의 연결을 통해 드러나는 법입니다. 흔히 '의미를 찾는다' '의미를 추구한다'라고 하지요. 그것은 세상에 무의미하게 흩어진 것들을 서로 연결하는 작업입니다. 밤하늘의 별들을 보고만 있으면 그저 '별이 많다'가 되지만, 별과 별을 연결할 수 있다면 그 속에서 오리온, 사자, 곰을 찾을 수 있는 것처럼 말이지요. 삶도 마찬가지입니다. 내가 다른 누군가와 연결되지 않았다면, 그런 삶에서는 의미를 찾을 수 없습니다.

우리는 손에서 스마트폰을 내려놓지 않습니다. 문자로, 음성으로, 나는 혼자가 아니라 누군가와 같이 있다는 것을 확인하려고 합니다.

하지만 어떤가요? 컴퓨터로 스마트폰으로 끊임없이 나 자신을 누군가와 연결시키려 할 때, 정말로 행복해지던가요? SNS로 나를 노출하고 다른 이의 삶을 문자와 이미지로 관찰할 때 "아, 인생은 아름다워!" 하고 전율하게 되던가요?

SNS를 많이 할수록 우울해진다는 연구 결과를 굳이 인용하지 않아도 우리는 압니다. 온종일 인터넷에 떠도는 다른 사람들 모습을 보고 인터넷이 보여주는 세상에만 집중하고 나면 어쩐지 공허함이 밀려드는 것을 누구나 느껴봤을 테니까요.

자신이 제공하는 정보와 견해를 인터넷 커뮤니티에서 활

동하는 다른 사람들이 전적으로 인정해줄 거라고 믿는 것을 '합의 착각 효과'라고 합니다. SNS에 올려놓은 글에 남들이 '좋아요'를 누르고 하트를 날리면, 그들이 내 생각에 동조하기 때문이라고 쉽게 믿어버리는 겁니다.

인터넷상의 의사소통이 진실한 마음일까요? 인터넷이 너무 발달하다 보니 우리는 인터넷 세상이 현실을 있는 그대로 반영할 것이라는 착각에 쉽게 빠지게 되었습니다. 이를 '미디어 배양 효과'라고 합니다.

회사 단톡방에 올려놓은 사진을 본 부하 직원이 '부장님, 정말 멋지세요!'라고 톡을 하면 으쓱한 마음이 들고, 페이스북 포스팅에 페친들이 너도나도 '좋아요'를 눌러주면 현실에서도 남들이 진심으로 날 좋아하고 따를 거라고 믿는 것은 합의 착각 효과와 미디어 배양 효과에서 비롯된 환상일 뿐입니다.

직장인의 가장 극심한 스트레스는 퇴근 이후 SNS로 업무 지시를 받는 것이지요. 영국에서 발표된 연구 결과에 따르면, 휴일에 직장 상사의 메시지나 전화를 받는 것은 번지점프를 할 때나 배우자와 다퉜을 때보다 더 심한 스트레스를 유발한다고 합니다.

한국이라고 다르지 않지요. 한국노동연구원이 조사한 바

로는, 65퍼센트가 넘는 직장인이 업무 외 시간에 스마트 기기로 업무 지시를 받을 경우 추가 임금을 받아야 하고, 업무 외 시간에 스마트 기기로 업무 지시를 받지 않을 수 있다면 월급의 일부를 반납할 수도 있다고 답했다는군요.

그래서일까요? 최근 몇몇 대기업에서는 업무 시간 이후에는 SNS로 지시를 못하게 하고 있습니다. 프랑스에서는 법으로 금지시키려는 움직임도 있다고 합니다.

우리는 SNS를 비롯해 인터넷을 경계해야 합니다. 스마트폰과 눈맞춤을 하는 순간 내 삶의 진짜는 순식간에 사라집니다. 쏟아지는 햇빛 대신 모니터 불빛만 보고 있으면 삶의 참맛을 느낄 수 없습니다. 집에 와서도 인터넷과 자신을 접속시켜 놓고 있다면, 그 사람은 집이 아니라 인터넷 속으로 퇴근한 것에 불과합니다. 그곳에는 사랑하는 아이의 웃음도 없습니다. 연인의 따뜻한 손길도 느낄 수가 없고 엄마 냄새도 맡을 수 없습니다. 모니터 속으로 빠져드는 순간, 벽에 걸려 있는 가족사진은 사라집니다.

행복하기 위해서는 진짜 경험에 자신을 던져야 합니다. 기분 좋은 느낌은 현실 속 경험의 축적에서 비롯됩니다. 몸에서 일어나는 그 느낌, 지금 이 순간의 경험에 충분히 빠져들 수 있어야 합니다.

　인터넷이 아니라 진짜 삶에 접속하는 손쉬운 방법 하나를 알려드릴까 합니다. 만약 혼자 식사를 하게 되면 스마트폰을 보지 마세요. '혼자 밥 먹는 것도 어색한데 스마트폰도 없이 어떻게……'라고 생각하지 말고 눈앞에 놓인 음식에 집중하세요.

　된장찌개의 색깔을 자세히 관찰해보세요. 찌개 속에 든 두부, 감자, 호박의 형태를 가만히 들여다보세요. 모락모락 피어나는 향기를 음미해보세요. 된장찌개에 담긴 여러 가지 맛을 하나 하나 찾으려고 해보세요.

　이렇게 된장찌개의 색, 냄새, 맛을 음미할 때 마음속에 떠오르는 연상을 따라가보세요. 어머니의 얼굴, 저녁을 먹기 위해 식탁에 앉아 있는 아버지와 동생의 모습이 떠오르지 않나요? 그렇다면 당신은 스마트폰이 아니라 된장찌개가 가져다주는 진짜 삶에 접속된 것입니다. 마음속에서 '연결됐다'는 파란 불이 반짝하고 켜지는 순간을 경험하게 될 겁니다.

　진짜 삶과 '연결connect'되기 위해서는 '단절disconnect'이 반드시 필요합니다. 삶을 온전히 느낄 수 있으려면 그 전에 나를 묶고 있던 디지털과 단절될 수 있어야 합니다. 사람과 세상이 주는 진짜 경험들을 마음속 깊이 품고 있어야 거친 현실에서도 꿋꿋하게 버틸 수 있습니다.

지금 내 곁에 있는 사람, 나를 둘러싼 햇빛과 바람, 무심코 흘려보냈던 가로수의 초록빛을 마음속에 담으려고 노력해보세요.

삶의 온도를 조절하기 위해 해야 할 일

심상 휴가 떠나기

●

심상 휴가imagery vacation를 떠나는 방법은 간단합니다. 가고 싶은 여행지의 풍경을 마음속에 그려내면 됩니다. 마치 지금 그곳에 있는 것처럼 소리와 향기, 촉감과 온도까지 그 느낌에 잠겨 있으면 스트레스가 스르르 풀린답니다.

해가 지는 바닷가를 바라보는 내 모습을 상상해보세요. 파도 소리를 듣고, 바다 내음을 맡으며 실제로 그곳에 있는 것처럼 느껴보세요. 상쾌한 바람을 느끼고, 석양의 풍부한 빛깔을 음미해보세요. 이런 이미지와 이미지가 불러일으키는 감각을 현재 진행형으로 느끼다 보면, 우리 몸도 그것에 맞춰 반응합니다. 마음속에 떠올리는 것만으로도 휴가를 떠난 것 같은 효과를 얻을 수 있습니다.

마쓰이에 마사시가 쓴 《여름은 오래 그곳에 남아》를 읽는 동안 저는 심상 휴가를 떠났더랬지요. 책장을 펼치면 가루이자와, 아오쿠리 마을, 아사마 산으로 순간 이동을 했습니다.

책장을 덮으면 다시 서울. 책을 다시 펼치면 숲속 별장과 계수나무가 보였고, 졸참나무 장작이 타는 냄새와 사각사각 연필 깎는 소리가 들렸습니다. 책 속의 문장처럼, 나는 '혼자 조용히 충족되어' 있었습니다. 책의 문장들은 읽히는 게 아니라 물이 젖듯 몸으로 스며들었습니다. 책이 끝나자 책 속 세상과 내가 사는 현실의 차이를 크게 느껴야 하는 부작용은 있었지만 말입니다. 저는 언제쯤 답답한 진료실을 떠나 아오쿠리 마을 숲속의 여름 별장에서 작업할 수 있을까요?

'귀찮아' 라는
말 속에
숨은 진짜 뜻

"귀찮아서 운동도 하기 싫고, 주말엔 소파에만 누워 있어요."

"괜히 그딴 것 해봐야 뭐해요, 귀찮기만 하지."

우리는 '귀찮다'라는 말을 참 자주 합니다. 봄이 되고 몸도 노곤해지고 졸음이라도 쏟아지면 더 자주하게 되지요. 그런데 귀찮다는 말을 입에 달고 사는 사람들의 모습을 찬찬히 들여다보면, 단지 지치고 피곤해서가 아니라는 사실을 알 수 있습니다.

가장 안타까운 사례는 '귀찮다'는 말로 자신이 불안을 극복해낸 것처럼 착각하는 겁니다. 불안한 마음이 커지면 안전하고 확실한 곳에만 머물고 싶어집니다. 예를 들어 공황 장애 환자들은 혼자 운전하고 가다가 공황 발작이 일어날까 봐 두렵고 불안해서 아예 운전을 하지 않으려 합니다.

당신은 어떤가요? 맑고 화창한 날에도 귀찮다며 집에만 있으려 하지는 않나요? 귀찮다는 말은 불안을 극복하려는 시도조차 하지 않게 만들어버리고, 종종 회피의 수단으로 활용됩니다.

새로운 도전을 해보는 것, 평소에 해보지 않았던 일을 경험하는 것, 익숙하지 않은 무언가를 배우는 것, 낯선 사람을 만나 대화를 나누는 것에는 불확실성과 불편함이 따라오게 마련입니다. 예상치 못한 일이 생겨 곤란에 처할 수도 있습니다.

하지만 불확실성이 불편하고 위험하기만 한 것은 아닙니다. 불확실성에는 사람을 즐겁고 행복하게 만드는 속성이 함께 녹아 있지요. 그래서 확실하면 안전하다고 느끼지만 권태와 무의미함이 따라옵니다. 확실한 것은 위험은 적지만, 재미도 새로운 희망도 없습니다.

우리는 삶이 확실하고 견고하기를 바랍니다. 내가 잘 아는 세계, 변하지 않는 상황 속에 머물러 있으면 행복할 거라고 여깁니다. 하지만 현실은 그렇지 않지요. 삶은 예측 불허입니다. 그래서 인생이 계획대로 진행되어야 하고 충분히 예측할 수 있어야 한다고 믿을수록 현실을 견디기가 더 힘들어집니다.

삶의 불확실성을 인정해야 스트레스를 받아도 무너지지 않습니다. 건물을 고정하기보다는 조금 흔들리도록 만들어두면 지진이 일어나도 치명적인 손상을 막을 수 있지요. 사람도 마찬가지입니다. 귀찮다며 확실한 것에만 자신을 묶어두면, 인생에 따르는 고통에 더 취약해질 수밖에 없습니다.

귀찮다는 말은 쉽게 포기해버리는 스스로를 정당화하거나 용기 내기를 거부할 때 쓰이기도 합니다. 괜히 밖에 나갔다가 귀찮은 일이라도 생기면 어떻게 하느냐며 공황 장애 환자는 불안에 굴복합니다. 남편한테 쌓인 감정을 표현했다가 싸움이라도 나면 더 귀찮아지기만 한다며 평생을 참고 산 아내가 스스로를 억압해버립니다. 새로운 걸 배우러 갔다가 못 따라가서 창피당할까 봐 싫다며 도전을 거부하고, 살던 대로 살면 되지 나이 들어 뭘 새로 시작하느냐며 세월의 흐름에 자신을 눌러 앉혀버립니다. 용기가 빛을 내려는 순간, 귀찮다는 말로 그 불을 꺼버리는 겁니다.

마음에서 솟아나는 용기를 거부하면, 현재의 안락한 고달픔에 젖어 있게 됩니다. 내 잠재력을 발휘하지 못했다는 내

재적 죄책감intrinsic guilty에 언젠가는 시달리게 됩니다. 세월이 많이 흐른 뒤에 내 인생에 더 이상 새로운 기회가 없다는 사실을 깨닫고 절망하게 됩니다.

편한 곳에 머물러 있으면 삶은 무의미해지고 마음은 메말라버립니다. 귀찮다는 말이 입버릇처럼 나오게 되면, 딱히 고민이나 걱정이 없어도 우울해집니다. 아무리 화려한 가구로 집을 장식하고 아름다운 그림으로 벽을 채워놓아도, 삶은 흑백사진처럼 색깔을 잃어버립니다.

강을 건너야 산을 넘을 수 있는 여행자가 이렇게 말한다고 생각해보세요.

"귀찮게 왜 강물에 발을 담그려 하니? 저 물은 차갑고 송곳에 찔리는 것처럼 발을 아프게 할 거야. 저 너머에는 귀찮은 골칫덩어리밖에 없어. 그냥 뒤돌아서 보지 마."

하지만 우리는 경계를 넘어 낯선 영역을 탐색해야 합니다. 그것이 삶이라는 여행을 하는 우리가 해야 할 일입니다.

'귀찮아'를 물리치는 에너지는 몸을 움직여야 생깁니다. 처음에는 하기 싫어도 자꾸 하다 보면 좋아지게 마련입니다. 약속이 없어도 아침에 일어나 제대로 옷을 입고 가벼운 화장이라도 하는 것이, 양치질만 대충하고 잠옷 차림으로 집에 있는 것보다 기분이 좋고 의욕도 살아나게 합니다.

휴일에 집에서 쉬려고만 하지 마세요. 여행을 갈 수 없다면, 여행을 떠나왔다고 느끼며 지금 살고 있는 동네의 작은 골목들을 헤집고 다녀보세요. 음악을 좋아한다면 훌륭한 연주를 찾아 듣고, 미술을 좋아한다면 시내로 갤러리로 투어를 떠나세요.

'귀찮다'에 굴복하지 말고 몸을 움직여야 합니다. 그래야 '귀찮아' 속에 숨겨진 불안과 두려움이 사라집니다.

 삶의 온도를 조절하기 위해 해야 할 일

정서 능력 기르기

·

1. 일기를 쓰세요. 규칙적으로 내 생각이나 느낌을 쓰는 건 몇 시간 동안 심리 치료를 받는 것만큼이나 좋답니다.
2. 정서적 어휘를 늘려보세요. 많은 이들이 감정을 느끼는 걸 힘들어합니다. 그런데 사실 감정을 느끼지 않은 게 아니라 그것을 표현하는 어휘를 갖고 있지 않은 것입니다.
3. 나의 감정을 주기적으로 돌아보세요. 우리는 너무 바빠서 감정을 귀찮아합니다. 감정을 돌아보기 위해서는 매일 규칙적인 시간을 내

야 합니다. 그렇다고 고통스런 감정을 곱씹으라는 뜻이 아닙니다. 즐거움, 만족, 흥미로움 같은 감정을 돌아보세요. 긍정적인 감정을 기르면 부정적인 감정을 줄여나갈 수 있습니다.

4. 정서적으로 현명한 친구와 많은 시간을 보내세요. 우리는 우리가 아는 모든 사람과 정서적으로 접촉하고 있습니다. 우리는 서로의 정서적 성숙을 도와야 합니다.

5. 내가 정직하고 솔직해질 수 있는 지지 집단을 만드세요. 나를 잘 알고 이해하는 사람들이 있다면, 그곳에서 정서적 지능을 높이는 방법을 배울 수 있답니다.

내가 당신의
안정제가
되어줄게요
- - - - - - - - - - -

결혼한 지 3년째 접어든 부부가 있습니다. 남편은 45세, 아내는 40세. 더 늦기 전에 아이 갖기를 원하는 아내와 달리 아이를 거부하는 남편 때문에 아내는 고민이 많습니다.

남편이 아이를 원치 않는 것은 건강염려증 때문인데요. 학창 시절에 테니스 선수로 활약하기도 했던 그는 체격도 건장하고, 운동을 즐기는 활발하고 적극적인 남자였습니다. 3년 전까지만 해도 말이지요.

그가 갑자기 변한 것은 결혼식을 두 달 앞둔 어느 날부터 였습니다. 운전을 하다 갑자기 극심한 두통이 찾아와 병원에

갔더니 가벼운 뇌졸중이라고 했습니다. 심하진 않아서 입원 치료를 받고 약을 먹고 예정대로 결혼식도 치렀는데, 그 후 사람이 달라졌습니다.

건강에 대한 자신감을 잃으면서 그는 소심한 남자가 되어버렸습니다. 회사 생활도 대인관계도 예전 같지 않았습니다. 급기야는 자기가 언제 어떻게 될지 모른다며 아이 갖기를 거부했습니다. 병원에서는 무리하지 않고 관리만 잘하면 괜찮다고 하는데도 말이지요.

뇌졸중이 문제가 아니라 건강염려증이 문제였습니다. 진료할 때 이처럼 몸이 아픈 것보다 마음이 문제인 경우를 자주 봅니다. 이를테면 심장혈관이 좁아졌다거나 부정맥이라는 진단을 받은 후, 가슴에 조금만 불편한 느낌이 들어도 심장마비로 쓰러질 것 같은 공포를 느끼는 겁니다. 특히 심장이나 뇌혈관 질환을 가진 환자들이 그렇습니다.

이런 불안은 평소 성격과는 별 관련이 없습니다. 성격이 예민한 사람이건 대범한 사람이건 한번 이런 진단을 받고 나면 마음이 약해지고, 몸에 무리가 될 것 같은 일은 아예 하지 않으려 합니다. 의사가 괜찮다고 말해도 안심하지 못합니다. 의사 말도 못 믿는데 식구들 말은 믿겠습니까. 아무리 안심시켜주고 위로해주어도 소용이 없습니다.

건강염려증은 흔히 볼 수 있는 불안 장애입니다. 공식적으로는 '건강 불안 장애Health Anxiety Disorder'라고 하는데요. MRI 검사 결과는 정상이지만 두통이 있으니 뇌졸중을 염려하고, 내시경 검사는 이상 없지만 소화가 안 되니 위암일까 봐 불안해합니다.

꾀병처럼 없는 증상을 만들어내는 것이 아닙니다. 건강염려증 환자는 실제로 증상을 느낍니다. 다만 증상을 지나치게 비관적으로 해석하는 게 문제입니다.

건강 불안을 스스로 키우기도 합니다. 어떤 질환이 자기 증상과 일치한다 싶으면 관련 정보들을 계속 쫓아다닙니다. 건강 정보를 많이 알면 안심이 될 것 같아 시작하지만 나중에는 마음의 병만 키우게 됩니다. 의사가 아무리 걱정하지 말라고 해도 종편의 건강 프로그램에서 무슨 무슨 병이 위험하다고 하면 자신도 그 병인 것 같아 또다시 불안에 휩싸입니다.

건강염려증의 가장 나쁜 예후는 '닥터 쇼핑'입니다. 고가의 건강검진을 1년에 몇 차례씩 받는 사람도 있습니다. 이 병원 저 병원 돌아다니며 시간과 돈을 낭비하고, 불필요한 검사를 하다가 부작용으로 오히려 병을 얻기도 합니다. 멀리 지방에서 서울의 용하다는 의사를 찾아왔다가 아무 문제도 없다는 한마디만 듣고 허탈하게 돌아가기도 합니다. 그런데도 안심이 안 돼 또 다른 의사를 찾아 나서고, 비방이 있다는 소리를 들으면 그것만 쫓아다닙니다.

만약 건강염려증이 있다면 스트레스가 심한 것은 아닌지, 숨겨진 우울증이 있는 것은 아닌지, 분노를 억압하고 있는 것은 아닌지 확인해야 합니다.

가족이 질병으로 고통받는 모습을 지켜보며 자랐다든지, 친구가 불치병 진단을 받았다는 소식에 충격을 받지는 않았는지, 자녀가 속을 썩여 마음고생이 심한 것은 아닌지, 부부 사이의 갈등으로 괴로워하고 있는 것은 아닌지 찬찬히 들여다봐야 합니다. 이런 스트레스가 진짜 원인일 수 있습니다. 스트레스를 억압하면 신체 증상으로 나타나게 마련입니다. 이를 '신체화'라고 하지요.

앞에서 예로 든 남편의 건강염려증이 3년 이상 되었다면, 가족의 위로나 격려만으로는 극복하기 어렵습니다. 정서적으로 예민해진 상태라 스스로 변화하기가 쉽지 않습니다. 이런 상태에서는 아무리 좋은 말도 역작용을 일으키기 쉽고요.

약물 치료와 상담 치료가 도움이 될 수 있습니다. 치료를 받고 나면 '이렇게 마음이 편한 것을 그동안 왜 그렇게 고생을 했나' 하는 생각이 듭니다. 물론 정신과 상담을 권유하는 것은 조심스러운 일이라는 것 잘 압니다. 만약 정신과 진료받기를 꺼린다면, 우선 신체 건강을 확인해보기 위한 검사를 권유하세요. 건강검진을 받으면서 스트레스나 우울증에 대한 검사도 같이 받아볼 수 있도록 하는 겁니다.

제가 좋아하는 아델의 〈리메디Remedy〉라는 노래에는 이런 가사가 나옵니다. 아마도 남편 때문에 고민인 이 아내의 심정과 같을 겁니다.

'고통이 당신을 괴롭히고 늦은 밤에도 잠 못 이루게 만들 때 그냥 나를 바라보세요. 내가 당신의 안정제가 되어줄게요.'

 삶의 온도를 조절하기 위해 해야 할 일

음악은 내 마음의 안정제

음악은 놀라운 치료제입니다. 우리의 달아오른 감정을 식혀주기도 하고 차가워진 감정을 따뜻하게 덥혀주기도 합니다. 때로 음악은 항우울제처럼 마음의 안정제가 되어줍니다.

어떤 사람은 독일의 작곡가 파헬벨의 〈카논$_{canon}$〉을 90분 동안 반복해 들었더니 마음이 편안해져서, 속상한 일이 있을 때마다 그 음악을 듣는다고도 하고요. 어느 책에서는 바흐의 〈인벤션$_{invention}$〉을 들으면 마음이 정돈되는 이유가, 왼손과 오른손의 연주 비율이 5 대 5라서 이 피아노 곡을 듣고 있으면 좌뇌와 우뇌가 균형을 찾게 되기 때문이라고 하더군요.

저 또한 책을 읽을 때 듣는 음악, 글을 쓸 때 듣는 음악 등 상황에 맞춰 플레이 리스트를 따로 만들어두고 있습니다.

음악을 들을 때 어떤 감정이 일어나는지 느껴보세요. 긍정적인 감정의 변화가 느껴진다면, 그 상황에서 내게 딱 맞는 음악 치료제인 겁니다. 감정의 온도가 비슷한 음악들을 모아 플레이 리스트를 여럿 만들어보세요. 한 번에 30분에서 90분 정도 계속 들을 수 있게요. 이렇게 음악으로 나만의 치료약을 만들어볼 수 있습니다.

상대방을
자신의 입장에 두고
생각해보세요
- - - - - - - - - - - -

기분이 좋을 때는 웃음도 말도 많아지고, 기분이 좋지 않을 때는 표정이 어두워지고 말수도 적어집니다. 예민하고 까칠하게 반응해 다른 사람들과 다툼이 생기기도 합니다. 우리는 기분에 따라 표정과 언행이 달라지곤 합니다.

이처럼 누구나 이랬다저랬다 하며 살아갑니다. 일관된 마음만 갖고 사는 사람은 없지요. 다만 그 정도가 사람마다 다를 뿐입니다.

그런데 감정이라는 것은 전염성이 무척 강해서 가까이 있는 사람이 우울하면, "나 우울해" 하고 말하지 않아도 주위 사람들의 정서에 영향을 줍니다. 불안이나 우울과 같은 부정적 정서는 긍정적인 정서보다 전염력이 훨씬 강합니다. 그래서 감정의 기복이 심한 사람과 같은 공간에 있는 것만으로도, 감정의 파도(심하면 쓰나미일 수도 있고요)를 온몸으로 고스란히 받게 됩니다.

만약 감정 기복이 심한 사람이 가까이 있다면 우선은 그 사람과 물리적·심적으로 조금 거리를 두는 것이 현실적인 대처 방법입니다. 강한 감정에 휩싸여 있을 때는 주변 사람이 좋은 의도를 갖고 대해도, 있는 그대로 받아들이지 못할 가능성이 큽니다. 그 사람의 감정이 너무 뜨겁다면 열기가 가라앉을 때까지 평소보다 조금 더 떨어져 있을 필요가 있습니다. 난로에 너무 가까이 가면 데고 마니까요.

그 사람이 감정에 너무 들떠 있거나 반대로 가라앉아 있을 때 했던 말에 대해서는 '안정이 되고 난 뒤에 다시 확인해보자'라고 생각하는 것이 좋습니다. "긍정적인 마음을 가져! 좋게 생각해! 언제까지 그러고 있을래?"라고 흔히 말하지만, 이런 말은 고문이나 마찬가지입니다. 그 사람은 '그걸 누가 모르나, 내 마음대로 안 되니까 그렇지!' 하고 억울한 마음만 품을 테고요. 감정 기복이 심한 사람 곁에 있는 사람들도 힘들지만,

더 괴로운 것은 그 사람 자신입니다.

어떻게든 돕고 싶겠지만 이게 말처럼 쉽지 않습니다. 더욱이 감정 기복이 '양극성 스펙트럼 장애Bipolar Spectrum Disorder'에서 비롯된 것이라면, 전문적인 치료가 필요합니다. 양극성 스펙트럼 장애라고 하면 생소하게 들리실 수도 있는데요. 우울증과 조증이 반복되는 다양한 유형의 '조울증'을 포괄해서 부르는 질환명입니다.

감정 기복이 심한 사람 때문에 스트레스를 받더라도, 그 사람의 마음을 상상해보려고 노력했으면 좋겠습니다. 언뜻 보면 변덕스럽고 종잡을 수 없는 것 같아도, 속마음은 여리고 착한 경우가 많습니다. 보통 사람들보다 훨씬 더 강한 창조적 에너지를 내면에 품고 있는 경우도 많고요. 우울해 보일 때도 있지만, 어느 순간 빛나는 아이디어를 마구 쏟아내기도 하지요.

이와 비슷한 경우로 "시도 때도 없이 눈물이 나요. 드라마 보다가도 울고, 대화하다가 울고, 민망해서 사람들 만나기도 어려워요"라며 병원을 찾아오는 환자들도 있습니다.

어떤 사장님은 부하 직원들 모아놓고 훈시하다 혼자 울컥해서 연설을 하지 못했다며 찾아왔습니다. 특별히 슬픈 일이 있지도 않고 전혀 울 상황이 아닌데 갑자기 눈물이 나서 어쩔 줄을 모르겠다고 하면서요.

감정은 감정을 느끼는 뇌와 감정을 통제하는 뇌 사이의 조절에 의해 겉으로 드러나기도 하고 억제되기도 합니다. 무서운 장면을 보면 불안을 느끼고, 누군가와 이별하면 우울을 느끼고, 좋아하는 음식을 먹으면 만족을 느끼는 모든 것이 이런 감정중추에서 외부의 자극을 받아 일어나는 반응입니다.

이런 감정들을 상황에 맞게 표현하거나 억제하는 일은 전두엽에서 합니다. 우리는 슬프다고 아무 데서나 엉엉 울지 않습니다. 반면 가까운 사람 앞에서는 하염없이 눈물을 흘리기도 하고요. 이것이 다 전두엽에 의한 겁니다.

그런데 감정중추나 전두엽에 문제가 생기면 예의 사장님처럼 갑자기 눈물이 날 수 있습니다. 꼭 뇌의 질환 때문은 아니고요. 만성적인 스트레스로 감정중추가 예민해져 있다든지, 피로가 누적되어 전두엽 기능이 떨어졌기 때문일 수 있습니다.

우울증이나 조울증 때문에 감정 조절에 문제가 생기기도 하고요. 어떤 이유든지 공통적으로 필요한 것은 스스로에게 심리적 여유를 주는 겁니다. 일을 좀 줄이고 주변에 도움을 요청하세요. 주위에 감정 기복이 심하거나 감정 조절이 잘 안 되는 사람이 있다면, 그가 어떤 상황에 처해 있는지 살펴보고 관심을 가져야 합니다.

어차피 신은 완벽한 인간을 창조하지 않았습니다. 누구나 한두 가지 결점을 갖고 있지요. 비록 그 사람의 단점을 고쳐줄 수는 없어도, 우리는 상상력의 힘을 빌려 그를 조금 더 깊이 이해해줄 수는 있습니다. 미약한 인간이 할 수 있는 일이란, 어쩌면 그것이 전부일지도 모르고요.

"만약 우리에게 희망이 있다면, 그건 '상상력'일 겁니다. 자신을 상대의 입장에 두고 상상할 수 있는 힘 말입니다."

-'아모스 오즈'가 '오에 겐자부로'에게 보낸 편지에서

 삶의 온도를 조절하기 위해 해야 할 일

감정의 기복 줄이기

마음에서 생겨나는 생각과 감정을 가만히 관찰해보세요. '내 마음속에 이런 생각이 있었구나' '내 기분이 지금 이렇구나' 하고 잘 관찰만 해도 나 자신에 관해 미처 몰랐던 다양한 사실을 깨달을 수 있습니다. 내 생각, 내 감정, 내 행동에 대해 스스로 갖고 있는 편견을 없앨 수 있습니다. 이렇게 하면 다른 사람 때문에 서운할 일도, 화날 일도, 우

울할 일도 줄어듭니다.

감정 기복을 줄이는 또 다른 방법은 그냥 내버려두는 연습을 하는 겁니다. 있지도 않은 일을 머릿속에 그리며 큰일났다고 하는 대신 '그건 어차피 내가 마음대로 할 수 있는 일이 아니야' 하고 그냥 놓아두는 겁니다. 주위에서 일어나는 일을 너무 심각하게 받아들이지 말고, 거리를 두고 그냥 내버려두는 겁니다. 거리를 두면 힘이 덜 듭니다. 그렇게 남겨진 힘과 에너지는 자신을 위해 쓰세요.

감정이 들쑥날쑥하다고 너무 놀라거나 겁먹지 마세요. 감정 변화는 자연스러운 현상입니다. 특별한 이유 없이도 약간 무력감을 느끼는 날도 있고, 다른 날에 비해 컨디션이 좋아 활력을 더 느끼는 날도 있지요.

하지만 평소보다 감정 변화가 급격하다면 자기 관리 노력이 필요합니다. 고혈압 환자가 혈압을 관리하는 것과 비슷한 방법으로 감정의 변화도 스스로 관리해나갈 수 있답니다. 핵심은 규칙적인 생활과 건강한 생활 방식입니다. 같은 시간에 잠자리에 들고 같은 시간에 일어나고 같은 시간에 식사하도록 노력하세요. 낮에는 햇볕을 충분히 쬐고, 30분 이상 규칙적으로 운동하세요.

이렇게 하면 생활 리듬에 맞추어 감정의 변화도 안정을 찾게 됩니다. 수면 리듬이 깨지고 식사를 거르고 낮 동안 야외 활동이 충분하지 않으면 감정도 비정상적으로 변한답니다.

사과는
말이 아니라
선물로 하는 것

남자는 사과에 서툽니다. 특히 여자와 싸운 뒤에 사과하는 모습을 보면, 이 점을 확인할 수 있습니다.

사람은 누구나 실수를 하고, 중요한 것은 잘못을 인정하고 난 다음에 다르게 행동하는 것이지요. 하지만 많은 남자들이 사과를 하게 되는 상황을 되돌릴 수 없을 만큼 큰 문제가 생긴 것으로 여기거나, 자신의 열등함을 드러내는 것으로 생각해 사과를 회피합니다.

부부싸움을 하고 나서 괜히 사과했다고 말하는 남편들을 종종 봅니다. 사과하고도 욕만 먹었다는 것이지요. 이를테면 남편이 아내에게 말합니다.

"내가 잘못했으니 화 풀어."

아내는 대꾸를 하지 않습니다. 남편이 다시 말합니다.

"내가 잘못했으니까 화 좀 풀으라니까."

아내는 여전히 화가 잔뜩 나 있어서 대답조차 하지 않습니다. 남편은 이제 버럭 화를 냅니다.

"내가 잘못했다고 했지. 뭐가 잘났다고 내 말에 대꾸도 안 하는 거야!"

사과에는 인내가 필요하다는 사실을 모르는 것이지요.

남편은 정말 미안해서 사과를 하지만, 아내 입장에서는 상처 입은 것이 너무 많아 잘못했다는 말 한 마디로는 화가 풀리지 않습니다. 이럴 때는 상대방이 아무리 반응을 보이지 않더라도, 인내심을 갖고 진심으로 사과해야 합니다.

사과하고도 욕을 먹는 두 번째 사례는 이런 경우입니다. 남편이 아내에게 말합니다.

"여보, 미안해."

아내는 대뜸 다그칩니다.

"당신이 뭘 잘못했는지 알기는 해?"

남편은 우물쭈물하며 이렇게 대답하지요.

"내가 미안하다고 했으면 됐지. 뭘 자꾸 꼬치꼬치 캐물어!"

아내는 더 화가 납니다.

"하여간 진정성이 없어. 뭘 잘못했는지도 모르면서 사과한 거야? 뭐가 미안한데? 잘못했다고 생각하지도 않으면서 사과한 거잖아. 미안하다고 말하면 다야?"

사과에는 반드시 디테일이 담겨 있어야 한다는 것을 남편은 모르는 겁니다. 그저 "미안해" 하면 끝나는 게 아닙니다. 어떤 일이 있었고, 그 일에서 내가 잘못한 부분은 무엇이며, 그래서 당신 마음이 이러저러하게 아팠으니 진심으로 사과한다고 말해야 합니다. 상황, 잘못, 그로 인한 상대방의 상처에 대해서 구체적인 언급이 필요합니다.

무턱대고 잘못했다고 하지 말고 "실은 당신을 생각해서 한다는 게 이렇게 되었다"라든지 "그동안 말하지 못해서 얼마나 괴로웠는 몰라"라는 식으로 심정을 솔직하게 표현해야 합니다. 왜 그런 잘못을 하게 됐으며 그래서 내 마음은 어땠는지에 대해 과정을 다 말해주는 것이 좋습니다.

사과는 너무 빨리, 너무 자주 해도 좋지 않습니다. 사소한 일에도 단박에 "미안해"를 남발하는 사람은, 사과를 한다기보다는 책임지지 않으려고 미리 방어막을 세우는 것과 다르지 않습니다. 반대로 질질 끌다가 문제가 심각해질 것 같으니 뒤늦게 사과하는 것도 효과가 없습니다. 진정한 배려가 없는 것으로 인식될 수밖에 없어요.

또 사과하기에 적절하지 않은 시간이나 장소에서 사과를 하면 상대방은 사과를 받아들이기 힘듭니다. 다른 일 때문에 신경을 많이 쓰고 있을 때 갑자기 사과를 한다거나 사람들이 많은 장소에서 공개적으로 사과하는 것도 피해야 합니다.

사과는 차분한 환경에서 상대에게 충분히 집중할 수 있을 때 해야 합니다. 사과의 진정성을 간접적으로 증명할 수 있는 장소를 택하는 것도 중요합니다.

마지막으로, 사과는 말로 때우려고 해서는 안 됩니다. 상대방에게 정신적으로 상처를 준 것이니 그에 합당한 보상이 있어야 합니다. 아니, 상처 준 것 이상의 보상이 따라야 합니다. 맛있는 저녁식사를 준비한다든가 정성이 담긴 선물과 함께 사과해야 합니다. 상대방을 생각하는 마음, 미안한 마음이 크다는 것을 보여주기 위해서는 말만으로는 부족합니다.

부부 사이를 지켜주는 5 대 1 대화 법칙

●

가족 치료의 세계적인 권위자인 존 가트맨 박사는 부부의 대화를 3분만 들어봐도 6년 안에 헤어질지 아닐지를 바로 알 수 있다고 말했습니다. 35년 동안 3천 쌍을 연구한 결과, 이혼할 부부에게는 '비난과 멸시'라는 특징적인 대화 패턴이 있다는 사실을 알아냈기 때문입니다. 부부가 대화할 때 서로에 대한 비난과 멸시가 많을수록 이혼할 가능성도 커진다는 말이지요.

그런데 폭언이나 막말처럼 겉으로 확연히 드러나지 않아도 결과적으로는 비난과 멸시를 포함하는 말들이 많습니다. 대표적인 것이 "당신이 뭘 알아" 같은 말입니다. 이건 상대방을 멸시하는 말입니다. 가르치는 말도 마찬가지입니다. "내가 이렇게 하라고 했잖아, 왜 내 말을 안 들어?" 같은 말은 나는 옳고 상대방은 틀렸다는 비난의 말입니다. 성격에 대해 말하는 것도 피해야 합니다. "당신은 너무 이기적이야, 그 성격 고쳐야 해." 이런 말을 하면서 멀쩡히 부부 관계를 유지하기란 어렵습니다. "당신이 그렇게 하자고 한 거잖아." 이렇게 서로에게 책임을 떠넘기는 말도 부부 관계를 해칩니다.

'5 대 1 대화 법칙'이란 말을 들어보신 적 있나요? 긍정적인 말과 부정적인 말의 비율이 5 대 1, 그러니까 부정적인 말을 한 번 하면 이를 상쇄하기 위해서는 다섯 번 긍정적인 말을 해야 한다는 법칙입니다. 그래야 부부 관계가 건강하게 유지될 수 있습니다. 그 비율이 3 대 1 보다 적으면 좋은 관계를 유지하기 어렵습니다.

그러니 지금부터라도 쑥스럽고 낯뜨거워도 "내 곁에 있어줘서 고마워"라고 말해보세요. 매일 매일 배우자를 향해 긍정의 말을 차곡차곡 쌓아나가야 합니다. 부지런히 쌓아야 긍정적인 말과 부정적인 말의 균형을 5 대 1로 맞출 수 있으니까요.

자존감은
말이 아닌 행동에서
시작됩니다

여성은 결혼과 함께 삶에 큰 변화가 생깁니다. 출산 때문에 경력이 끊기기도 하고 양육과 가사, 남편과 시가 챙기기 등으로 결혼 전과는 전혀 다른 처지에 놓이곤 합니다.

결혼하고 직장을 그만두게 되면 처음에는 회사 일에서 해방되어 후련합니다. 늘어난 자유 시간이 축복처럼 여겨지기도 하지요. 하지만 집에 있는 시간이 길어지다 보면, 경제적인 활동을 하지 않으니 성취감도 떨어지고 존재 가치를 상실한 느낌도 듭니다.

한 여성이 엄마가 되기 위해 직장을 그만두었는데 막상 아이가 생기지 않아 집에 혼자 덩그러니 남겨진 상황이 힘들다고 하소연했습니다. 아이가 생기면 그만둘 예정이라 재취업에 선뜻 나서지도 못한다고요. 활발하게 사회 생활을 하던 사람이라 상실감이 클 것 같았습니다. 단절감에 외로움도 크고 자존감도 낮아져 있을 테고요.

인생을 제대로 살아가기 위해서는 세 가지의 느낌이 반드시 필요합니다. '나는 가치 있는 일을 하고 있다' '나는 다른 누군가와 연결되어 있다' '나는 안전하다'가 그것인데요. 이 세 가지 기본적인 느낌을 얻지 못하는 상황이니 무척 힘들 것 같았습니다. 자칫하면 우울증이 올 것 같아 걱정이 되더군요.

여러 가지 여건상 어쩔 수 없이, 혹은 육아에 전념하기 위해 직장을 그만두고 전업주부로 살아가는 여성 가운데 우울증을 겪는 사례가 적지 않습니다. 만약 우울증을 겪는 주부라면 두 가지 말씀을 드리고 싶습니다.

우선 혼자 집에 있는 시간을 최대한 줄이는 겁니다. 아침에 남편이 출근하고 아이가 학교에 가고 나면, 두부 한 모를 사더라도 큰 시장에 가고, 점심을 먹고 나면 집 주변을 산책하고, 가까운 도서관이나 극장에도 가세요. 문화센터 같은 곳에 등록해도 좋습니다. 매일 일정한 활동을 할 수 있도록 생활 습관을 바꾸는 게 중요합니다.

두 번째는, 성취감을 느낄 수 있는 일을 찾아보는 겁니다. 결혼 전 직장에서 얻었던 성취감을 다시 느끼기는 쉽지 않겠지요. 하지만 일상생활에서 작은 성취감을 느낄 수 있는 일들은 많습니다. 예를 들면 매일 한 시간씩 운동을 하는 겁니다. 한 달 동안 지킬 수 있다면 적지 않은 성취감을 얻게 될 겁니다.

요즘은 적은 수강료로 무언가를 배울 수 있는 곳이 참 많지요. 무료 음악회나 강연도 많고요. 나한테 딱 맞는 활동을 찾아서 하겠다는 생각보다는 일단 계속 즐긴다는 마음으로 편하게 시도해보세요. 이것저것 따지다 보면, 하기 힘든 이유만 떠오를 가능성이 커요. 우선 해보고 결정하겠다는 마음이 중요합니다.

상실감을 느끼고 슬럼프에 빠졌을 때, 그 상태에서 벗어나는 방법은 결코 '이겨내자'라는 생각이 아닙니다. 무언가 행동을 하는 것입니다. 운동을 시작하고, 문화센터에 나가고, 대학원에 진학하고, 가죽 공예를 배우고, 꽃꽂이를 하고, 사업을 시작하는 주부도 있답니다.

주변에 속마음을 털어놓을 친구를 만드는 것도 중요합니다. 친구를 만나 이런저런 이야기를 하다 보면 스트레스가 어느 정도 풀릴뿐더러 앞에서도 잠깐 언급했듯이 누군가와 연결되어 있다는 느낌은 우리 삶에 필수입니다.

물론 가족과 함께 살아도 내 마음을 몰라주면 소외감을 느낄 수 있습니다. 이럴 때는 꼭 소통하겠다, 속마음을 털어놓겠다는 생각 대신 일상적인 이야기를 하는 게 더 좋습니다.

"오늘 바리스타 교육을 받고 왔는데 커피 향이 너무 좋더라. 커피 만드는 기술이 많이 좋아진 것 같아. 그곳에서 새로운 친구를 사귀었어" 등등, 부담 없이 자기 이야기를 하는 게 좋습니다.

자존감은 행동에서 비롯되는 겁니다. "나는 나를 사랑해. 나는 가치 있는 사람이야"라고 주문을 외워도 좋지만 백 번 주문을 외우는 것보다 한 번 하는 것이 훨씬 낫습니다. 작은 성취의 경험들이 쌓여야 해요. 거창하게 생각할 필요 없습니다. 매일 산책을 했다, 매일 신문 경제면을 꼼꼼하게 읽었다, 성당 봉사 모임에 가서 활동했다, 독서 모임에 결석하지 않고 꾸준히 나갔다. 이런 경험들이 쌓여서 '나는 가치 있는 사람'이라고 느끼게 되는 거지요. 생각이 아니라 행동에 집중해야 합니다.

몸을 써야 마음이 건강해집니다

운동을 하고, 산책을 하고, 특별한 일이 없어도 밖으로 나가세요. 마음이 아니라 몸을 써야 합니다. 행동활성화 치료behavioral activation라는 심리 치료가 있는데요. 의욕이 생기기를 기다리는 것이 아니라 비록 의욕이 없더라도 '내 삶에서 중요한 것은 무엇인가? 내 인생의 가치는 무엇인가?'를 떠올리고, 이에 부합하는 행동을 하게 만드는 겁니다. 그러면 자연히 의욕이 생기게 된다는 원리입니다. 조금 어렵게 설명하자면 '인사이드 아웃inside out'이 아니라 '아웃사이드 인outside in'으로 접근하는 겁니다. 활력은 내 안에서 나오는 것이 아닙니다. 밖에서 내 안에 심어주는 겁니다.

어긋난
마음의 방향
다시 맞추기

갑자기 숨이 막히고, 가슴이 두근거리고, 답답해지면서 죽을 것 같은 공포와 불안이 찾아옵니다. 머리가 아프고, 어지럽고, 속이 미식거리고, 손발이 저리고, 몸이 마비되는 느낌이 동반되기도 합니다. 내가 아닌 것처럼 느끼는 이인증이나 주변의 현실이 다르게 느껴지는 비현실감이 생기기도 합니다.

바로 공황 발작 증상입니다. 공황 발작은 시작된 지 5분에서 10분 사이에 최고조에 이르렀다가 한두 시간이 지나면 자연스럽게 사라집니다. 하지만 한 번 일어나면 죽을 것 같은 공포가 밀려옵니다. 그래서 다음에 또 이런 증상이 생기면 어쩌지 하는 예기 불안이 생깁니다. 사람이 많은 곳을 피하거나 지하철, 엘리베이터 등을 못 타는 행동의 변화도 생깁니다. 이처럼 공황 발작과 예기 불안, 회피 반응이 동반되면 공황 장애라고 진단합니다.

공황 장애, 참으로 많습니다. 정신의학 교과서에는 인구의 1~5퍼센트라고 나와 있지만 그 이상인 것 같습니다. 45세 이후에는 잘 발병하지 않는다고 알려져 있는데 이것도 아닌 듯합니다. 중년에 공황 장애 진단을 받고 치료하는 사람들이 의외로 참 많습니다.

남자들은 공황 장애가 생기면 가족에게 이야기하지 않고 혼자 견디는 사람이 더 많습니다. 짜증이 늘고 화가 조절이 안 되거나 매사에 조급해지는가 싶더니, 갑자기 죽을 것 같다면서 공황 발작을 호소하는 남편과 같이 병원에 왔다가 알게 되는 아내들이 대다수입니다.

공황 장애를 앓는 환자들을 보면, 평상시엔 괜찮다가도 사람이 많거나 폐쇄된 곳에 가면 별안간 증상이 나타나곤 합니다. 비행기에 탑승했다가 이륙하기 직전에 공황 발작이 일어나 비행기에서 내려야 했다든지, 증상이 나타날까 봐 차를 몰고 한강 다리를 건너지 못하거나 터널을 피해 운전을 한다든가,

마트에 장을 보러 가기 힘들어하는 환자도 있습니다.

그런데 이런 상황에서만 증상이 나타나는 것은 아닙니다. 과음한 다음 날 아침이라든지 수면 부족이나 피로가 누적되었을 때도 공황 증상이 잘 생깁니다. 폭음한 다음 날 아침에 샤워를 하다가 공황 증상이 나타나 옷도 제대로 챙겨 입지 못한 채 응급실에 온 남성도 있었습니다. 검사 결과 신체적으로는 아무 문제가 없었고, 결국 공황 장애 진단을 받은 경우였지요.

공황 장애라는 병명이 한국에 대중적으로 알려지기 시작한 것은 2000년대 이후입니다. 건강보험심사평가원 자료를 봐도 알 수 있듯이 공황 장애 환자 수는 점점 늘고 있습니다. 그 이유가 무엇일까요?

공황 장애는 심리적 압박감을 느낄 때, 생활 리듬이 불규칙해지거나 수면 부족에 시달릴 때, 폭음을 할 때, 커피나 콜라 등 카페인 성분이 든 음료를 많이 마실 때 잘 발생합니다. 즉 현대인의 생활 방식이 공황 증상을 촉발한다고 보면 될 것 같습니다.

연예인들 가운데 공황 장애가 있는 사람이 많다고 합니다. 밤샘 촬영을 하는 등 연예인들은 생활 리듬을 일정하게 유지하기 어렵지요. 현실이 안정적이지 못하고 미래를 예측하기도 보통 사람들보다 더 힘듭니다. 연예인들은 불확실성에 보다 많이 노출되어 있는 게 사실입니다. 공황 장애를 비롯한 불안 증상의 기저에는 불확실성에 대한 두려움이 깔려 있습니다.

기질적 특성도 공황 장애와 관련됩니다. 특히 조울 성향, 즉 감정 기복의 문제가 있는데요. 감정 기복이 심한 사람들에게서 공황 장애 같은 불안 증상이 자주 나타납니다.

공황 장애 유병률은 남녀에 큰 차이가 없는 것으로 알려져 있습니다. 하지만 한국에서는 40~50대 남성이 가장 많습니다. 하루하루 쫓기듯 살고, 심리적으로 늘 압박감을 느끼고, 충분한 휴식을 취하지 못해 만성 피로에 시달리는 중년 남자들의 공황 장애는 특히 문제가 되지요. 한창 열심히 일할 시기에 공황 장애 때문에 고생하는 환자들을 많이 봤습니다. 이런 환자들은 대개 완벽주의에, 사소한 일에도 많은 신경을 씁니다. 불확실한 상황을 못 견뎌서 미리 계획을 세우고, 계획한 대로 되지 않으면 지나치게 불안해하곤 합니다.

다행히 공황 장애는 약물 치료 효과가 좋습니다. 심리 치료까지 받으면 70~80퍼센트의 환자가 호전됩니다. 다만 재발을 잘하기 때문에 재발 방지를 위한 치료나 자기 관리가 중요합니다. 진단을 받고도 제대로 약을 먹지 않는다거나 계속 나쁜 생활 습관을 버리지 못한다면 재발을 막기 힘들겠지요.

운동을 하는 것도 아주 좋습니다. 공황 장애 환자는 숨이 차오르면 또 공황 발작이 시작되나 싶어 운동을 꺼리기도 하는데요. 꾸준한 약물 치료와 심리 치료에 더해 조금 숨이 찰 정도로 빠르게 걷기 같은 운동을 꾸준히 하면 재발률을 확실히 낮출 수 있습니다.

환자의 3분의 1 정도는 재발을 반복하면서 증상이 만성화되므로 자기 관리가 중요합니다. 만성화되면 하루에도 몇 번씩 공황 발작이 일어나고 예기 불안이 심해져서 일상생활이 힘들어집니다. 대중교통 수단을 이용하지 못하고 집에만 있는다거나 사람들이 많은 곳을 두려워해서 혼자 생활하는 시간이 길어집니다. 우울증이 동반되면서 살아갈 의욕을 잃고 심하면 자살에 이르기도 합니다.

만약 배우자가 공황 장애를 앓고 있다면 어떻게 해야 할까요? '내가 필요하면 언제든지 말해줘' 하는 느낌으로 옆에 있어주면 됩니다. 너무 관심을 기울이면 남편들은 약자가 된 듯한 느낌 때문에 싫어할 수도 있거든요. 그렇다고 관심을 갖지 않으면 내가 이렇게 아픈데 가족도 소용없다며 서운해하니 '내가 최선을 다해 도울 테니까 도움이 필요하면 말해'라는 태도가 가장 적절합니다.

　공황 장애까지는 아니어도 우리는 모두 종종 패닉 상태를 경험합니다. 머리와 가슴이 터져버릴 것 같은 불안감이 엄습하고, 극심한 스트레스로 가슴이 답답하고 숨쉬기가 힘들어지기도 합니다. 대체 그 고비를 어떻게 넘기면 좋을까요?

　불안, 분노 같은 감정은 삶의 태도나 방식을 바꾸라는 메시지일 수 있습니다. 지쳐 있으니 좀 쉬라는 신호일 수 있습니다. 이를 무시하고 계속 일에만 매달릴 때 불안이 공황 장애라는 병으로 이어지는 것이지요.

　이제 우리는 감정이 보내는 신호를 정확히 수신하고, 그 의미를 되새기고, 삶의 방향을 다시 점검해봐야 합니다.

🌡 삶의 온도를 조절하기 위해 해야 할 일

공황 증상, 호흡으로 다스리기
·

하나, 둘, 셋을 세면서 코로 천천히 숨을 들이쉬고 하나, 둘, 셋을 세면서 입으로 숨을 내쉬세요. 내쉴 때는 들이쉴 때보다 1~2초 길게 내쉽니다. 숨을 내쉬면서 속으로 '편안하다'라고 생각합니다.
이번에는 깊게 숨을 들이마시면서 "이완 들어와"라고 말하세요. 그러고 잠시 숨을 참았다가, 숨을 길게 내쉽니다. 숨을 내쉬면서 "긴장 나가라"라고 말하세요. 그렇게 말하면서 긴장은 떠나가고, 이완이 들어오는 것을 상상해봅니다.

무리하게 하지 말고 부드럽게 호흡해보세요. 이렇게 5분간 호흡을 반복하면서 불안이 가라앉기를 기다리면 됩니다.

3장

그 사람 때문에
가슴 아플 준비가 됐나요?

●

사랑의 온도 끌어올리기

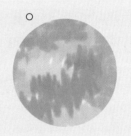

사랑보다
앞서는 건
아무것도 없어요

- - - - - - - - - - - - - - - - - -

결혼한 지 10년째, 아이 하나를 둔 가정주부 한 분이 찾아왔습니다. 직장에서 무슨 일이 있는 것 같은데 말을 하지 않는 남편 때문에 너무 힘들다고요. 연애할 때는 말을 아끼는 남편의 진중한 성격이 좋았는데, 결혼을 하고 나니 말 없는 남편 때문에 너무 속이 탄답니다.

남편이 직장에서 생긴 곤란한 일을 집에 와서 풀어놓지 않는 데는 여러 가지 심리가 작동합니다. 가장 중요한 이유는 가족에 대한 배려 때문입니다. 회사 일로 아내를 걱정시키고 싶지 않다거나, 한창 공부할 나이에 있는 자녀가 괜히 아빠 때문에 흔들릴까 봐 겁나는 것이지요. 많은 남편들이 "그런 얘기를 집에 가서 해봐야 무슨 소용 있나요. 괜히 식구들 신경만 더 쓰게 되지요"라고 말합니다.

이런 경우는 남자의 마음속에 아버지 그리고 남편으로서의 책임감이 숨겨져 있기 때문에, 아내가 아무리 다그쳐도 입을 열 가능성이 많지 않습니다. 혼자 알고 있는 게 모두를 위해 좋다는 이타적인 믿음이 자리 잡고 있기에 계속해서 입을 다뭅니다. 아니면 "그냥 좀 신경 쓰이는 일이 있지만, 곧 잘 해결될 거야"라고 두리뭉실하게 희망적인 말만 합니다.

책임감 있는 가장의 모습을 어떻게든 유지하고 싶은 것이지요. 가족을 보호해야 한다는 의무감에서 절대로 벗어나지 않으려 합니다. 이럴 땐 남편의 상황을 캐내려고 집요하게 파고들지 마세요. 남편은 더욱 방어적이 될 뿐입니다. '널 위해서'라고 믿는 사람은 자신의 행동을 스스로 바꾸는 법이 없거든요. 상대가 자신의 마음을 알아주기 전까지는 절대로 행동을 바꾸지 않습니다.

그러니까 남편이 중요하게 생각하는 든든한 가장의 모습을 아내 쪽에서 더 지켜주려 노력하면 어떨까요?

"아침마다 힘내서 출근하는 당신을 보면 고맙고 내 마음

도 짠해.'"'내가 말을 안 해도 아내는 내 마음을 알고 있구나'
하는 믿음을 주는 겁니다.

　이런 이유 말고도 남편이 직장에서의 일을 털어놓지 못하
는 이유는 여러 가지입니다. 조금 더 기다렸다가 일이 정리되
면 말하려고 적절한 시점을 찾고 있는 중일 수도 있고, 이 상황
을 어떻게 설명하면 좋을지 고민하고 있을 수도 있습니다. 이
를테면 회사를 그만두게 되거나 사업에 큰 위기가 왔을 때 자
신의 상황과 심정을 어떻게 표현해야 할지, 어떻게 식구들이
충격받지 않고 잘 받아들이게 할지 망설이는 것이지요. 속 시
원히 털어놓고 싶지만, 사회생활을 안 해본 아내가 이해하지
못하리라고 생각하기 때문일 수도 있습니다.

　이런 예에 해당한다면 "요즘 표정이 안 좋아 보이는데, 무
슨 일이 있어?" 하고 물으면 좋겠습니다. 무슨 일인지는 알 수
없지만 걱정하는 마음을 느끼고 있고 무슨 일인지 말해주면
좋겠다는 메시지를 전달하는 겁니다. '당신이 무슨 말을 하든
나는 들을 준비가 되어 있으니, 안심하고 말해도 된다'라고요.

　제가 종종 꺼내 읽고, 다시 읽고 하는 책 가운데 하나가 알
랭 바디우의 《사랑 예찬》인데 이 책에 이런 구절이 나옵니다.

사랑은 세계의 법칙들에 의해서 계산하거나 예측할 수 없는 하나의 사건입니다. 사랑은 끈덕지게 이어지는 일종의 모험이라고 할 수 있겠지요. 최초의 장애물, 최초의 심각한 대립, 최초의 권태와 마주하여 사랑을 포기해버리는 것은 사랑에 대한 커다란 왜곡일 뿐입니다. 진정한 사랑이란 공간과 세계와 시간이 사랑에 부과하는 장애물들을 지속적으로, 간혹은 매몰차게 극복해나가는 그런 사랑일 겁니다.

다시 남편과 사랑에 빠졌던 그 순간을 떠올려보세요. 아마 세상에 다른 어떤 것도 필요 없다고 여겼을 거예요. 그가 내 곁에 있다는 것만으로도 행복하다고 느꼈겠지요. 사랑에 앞서는 것은 아무것도 없습니다.

🌡 삶의 온도를 조절하기 위해 해야 할 일

부부 사이를 돈독하게 하는 법

•

• 휴일 아침 아내와 함께 뒷산에 올라 보온병에 담아온 따끈한 커피를 나누어 마십니다.

- 휴일 점심 남편과 함께 공원에 산책하러 나가 햇살 좋은 벤치에 앉아 김밥 도시락을 나누어 먹습니다.
- '밥은 먹었어요?' 지극히 평범한 문자 메시지이지만, 남편의 가슴을 찡하게 할 수 있습니다.
- '쉬어가면서 해요.' 남편의 배려 깊은 문자 메시지는 아내의 집안일을 한결 가볍게 만듭니다.
- 양복 속주머니에 넣어준 '당신 덕분에 너무 행복해'라는 손편지는 남편의 기를 팍팍 살려줍니다.
- 남자를 움직이는 가장 강력한 힘은 인정 욕구입니다. "당신이 최고다" "당신 덕분에 우리 가족이 행복하다" "당신이니까 할 수 있는 일이다" 이런 말이 남편을 춤추게 만듭니다.

질투, 운명을
더 나은 방향으로
이끄는 힘

얼마 전에 종영한 tvN 드라마 〈또 오해영〉을 재미있게 보았습니다. 주인공 오해영이 화장실 변기 뚜껑을 닫고 그 위에 가부좌를 틀고 앉아 혼잣말을 하는 장면에서는 슬픈 웃음이 터져 나오기도 했지요.

"나는 쪽팔리지 않습니다. 사랑은 쪽팔려하지 않습니다. 더 많이 사랑하는 건 자랑스러운 겁니다. 나는 자랑스럽습니다."

꼭 사랑 때문이 아니더라도, 삶에서 중요한 무언가를 위해 괴로움을 참고 견딜 때 내 자신에게 그렇게 읊조렸던 경험이 떠올라서요. 하지만 저처럼 평범한 사람들은 자기 최면을 아무리 걸어도 불쾌한 감정이 쉽게 사라지지 않지요. 역시나 오해영도 "개뿔, 망신, 개망신" 하며 끝내 울음을 터뜨리고 말더군요.

열등감, 수치스러움, 질투심처럼 겉으로 드러내기 싫은 감정을 주인공이 솔직하게 표현하고 있어서 〈또 오해영〉이 인기 있는 것이겠구나 하는 생각을 했습니다. 우리는 특히 질투심을 더욱 숨기려 합니다. 질투 때문에 이러는 게 아니라고 굳이 변명까지 하면서요. 하지만 질투를 느끼지 않는 사람이 어디 있을까요. 이런 영화 대사도 있지 않습니까.

"사람은 배고픈 건 참아도 배 아픈 건 못 참는다."

사실 질투는 인류학적으로 볼 때 아주 오래전부터 발달되어 온 본질적 감정입니다. 인간뿐만 아니라 꼬리감는원숭이 같은 영장류도 질투를 느낍니다. 그러니 "나는 질투 같은 건 안 느껴"라고 말하는 사람은 마음에 대해 무지한 바보이거나 거짓말쟁이 뿐입니다.

질투를 나쁜 감정으로 취급하는 건 잘못된 겁니다. '네가 할 수 있는 건, 나도 할 수 있어!' 이런 마음이 우리를 앞으로 움직이게 만든다는 것은 누구도 부인할 수 없는 사실입니다. 질투란 자신의 운명을 더 나은 방향으로 끌고 가는 힘입니다.

질투를 느끼기 때문에 더 노력하게 되고 더 나아지려고 행동하게 되니까요. 그래서일까요. 시인 기형도는 '질투는 나의 힘'이라고 노래했지요.

그런데 질투와 시기심은 구분해야 합니다. 질투는 내가 갖지 못한 것을 갖기 위해 노력하게 합니다. 갖고 싶다고 욕망하게 만들어서 나를 움직이게 합니다. 하지만 시기심은 내가 갖고 있는데도 더 갖고 싶은 마음입니다. 남의 것이 탐이 나서 뺏으려고 하면 시기심입니다. 시기심은 내가 원하는 걸 갖고 있는 사람을 파괴하려고 나쁜 평판을 퍼뜨리게 만들고, 그가 이루고자 하는 걸 못 이루도록 폭력을 휘두르게 만듭니다.

'어떻게 후배를, 어떻게 친구를 질투할까. 내가 초라하고 한심하게 느껴진다'며 자조 섞인 생각을 할 수도 있겠지만, 질투의 속성이 원래 그런 겁니다. 인간은 도달할 수 없는 대상에게는 질투하지 않습니다. 질투란 도달 가능하다고 여기는 사람에 대해서만 느끼는 감정이거든요.

그래서 질투의 대상은 항상 옆에 있는 사람이거나 가까운 친구이게 마련이지요. 같은 부서의 예쁜 후배에게 사람들의 관심이 쏠린다면 질투가 나지만, 서현진(오해영을 연기한 배우)이 이번 드라마로 인기가 치솟았다고 해서 질투하지 않는 것처럼 말이지요.

질투라는 감정을 받아들여야 합니다. 그리고 질투를 자기 인식의 수단으로 활용할 수 있어야 합니다. 질투를 느끼는 것은, 내가 욕망하는 것이 내가 질투하는 사람의 속성에 포함되어 있기 때문입니다. 무엇 때문에 질투하는지를 정확히 알면, 내가 삶에서 진정으로 원하는 것이 무엇인지 깨닫는 데 도움이 됩니다.

하지만 질투를 수용한다는 것은 말처럼 쉬운 일이 아니지요. 질투를 느끼면 괴롭습니다. 자신이 초라하게 느껴지고, 자기를 미워하게 되기도 합니다. 그럴 때는 오해영이 했던 이 말을 떠올려보세요.

"만약 내가 완전히 사라지고 그 사람이 될 수 있다면, 만약 그런 기회가 온다면, 난 그 사람이 되기로 선택할까? 안 하겠더라고요. 난 내가 여기서 조금만 더 괜찮아지길 바랐던 거지, 그 사람이 되길 원한 건 아니었어요."

누가 뭐라 해도 가장 소중한 것은 언제나 나 자신입니다.

질투가 괴롭다면 감사를

•

지난 10년간 건강과 감사의 관계에 대한 연구가 증가했습니다. 그 결과는 놀랍습니다. 감사를 표현하는 단순한 행동이 인생에 중요한 영향을 미치는 것으로 나타났습니다.

- 감사는 우리를 더욱 사회적으로 만들고 더 깊고 건강한 관계를 맺게 합니다. 이것이 정신 건강을 증진시킵니다.
- 감사는 우울증과 불안을 감소시키고, 약물 중독을 막아줍니다.
- 감사는 행복을 파괴하는 시기심이나 분노, 후회와 같은 감정을 줄여줍니다.
- 감사는 회복탄력성을 함양시켜줍니다.
- 감사는 신체를 더 건강하게 해줍니다. 감사를 표현하는 사람들은 통증도 적고, 더 많은 에너지를 가집니다.
- 감사는 자신의 가치를 높여줍니다.
- 감사는 일상의 날들을 축제로 변화시킵니다. 지루한 일을 기쁨으로 바꿔줍니다.
- 감사는 우리를 우리 자신보다 더 큰 존재와 연결시키는 기능을 합니다. 감사를 표현하는 과정에서 나 자신을 벗어나 선함의 근본에 다가가게 됩니다.

남편이 심술 난
아이처럼 굴어도
이해해주세요

남자는 우울하면 싸움을 일으킵니다. 모든 남자가 그렇지는 않지만 많은 남성 우울증 환자가 이런 모습을 보입니다. 그러다 보니 중년 남성에게 우울증이 생기면 본인도 힘들지만 가까이 있는 가족, 특히 아내가 아주 힘들어합니다.

"남편이 요새 자꾸 짜증을 부리고 화를 내요. 별것 아닌 일에 버럭 소리를 지르고, 사소한 일로 자꾸 싸움을 만듭니다. 아이들한테도 야단을 너무 심하게 쳐서 문제를 더 키우고요."

우울증에 걸린 남편을 둔 아내들이 흔히 하는 하소연입니다.

남자와 여자는 똑같은 스트레스를 받아도 다르게 반응합니다. 스트레스 상황에서 남자는 '투쟁 아니면 도피'라는 방식으로 반응하지만, 여자는 다른 사람과 위안을 주고받으면서 서로 연결되어 있다는 느낌을 통해 스트레스를 해소합니다. 미국의 심리학자이자《보살핌》의 저자인 셸리 테일러 박사는 이런 여성의 반응을 '보살핌-친구 되기'라고 표현했습니다.

생물학적으로 동일한 변화가 일어나더라도 행동으로 표현될 때는 남녀가 서로 다릅니다. 우울증의 원인인 세로토닌의 농도가 떨어지면, 여자는 위축되고 불안해하는 반면 남자는 공격적·충동적이 됩니다.

배우자가 우울증에 걸린 스트레스 상황에서 여성은 '보살핌' 반응을 나타냅니다. 어떻게 해서든 남편을 도와주려 합니다. 편안하게 해주려 하고, 남편을 힘들게 하는 문제가 무엇인지 알고 싶어하고, 자신이 어떻게 도와줄 수 있는지 진정으로 궁금해합니다.

하지만 남편은 우울증이라는 고통 속에 있으면서도, 자신의 감정 상태에 대해 정확히 이해하지 못합니다. 알아도 표현하지 못합니다. 도와달라고 말하지도 못하고 어떤 도움이 필요한지도 모릅니다. 곁에서 지켜보는 아내 또한 무엇을 어떻게 도와야 할지 몰라 혼란스러워합니다.

심지어 아내가 관심을 기울여주어도 피하거나 귀찮아합니다. 남성은 다른 사람의 도움으로 자신의 문제를 해결하는 것을 수치스럽게 느끼는 경우가 많습니다. '내 문제도 스스로 해결 못 하고 여자한테 도움을 받을 수는 없다'라고 생각하거나, 아내가 도우려 하는 것을 간섭이나 비난으로 받아들이기도 하지요. 오히려 화를 내서 도와주려고 다가가는 사람의 마음에 상처를 주곤 합니다.

그렇다면 우울증에 걸린 남편을 어떻게 도와주어야 할까요? 실제로 어떻게 도와야 하느냐고 물어오는 아내들이 많습니다. 우울증은 양상, 남편의 성격, 집안 분위기, 현실적인 스트레스, 평소 부부관계 등에 따라서 접근법이 다르기 때문에 조언하기가 쉽지 않습니다. 다만 몇 가지 원칙은 각각의 상황이 달라도 적용할 수 있습니다.

우선 이래라저래라 충고하지 않는 것이 좋습니다. 아내에게는 분명해 보여도 우울증에 걸린 남편 입장에서는 따르기 힘든 것이 많습니다. "당신보다 힘든 사람도 잘 살고 있으니 기운을 내라"고 말하는 것도 위로가 될 수 없습니다. 당신은 왜 그렇게 못 하느냐는 비난밖에 안 되니까요. 사람을 변화시키는 것은 옳은 말이 아니라 관심과 애정입니다.

아무리 옳은 조언이라도 남편이 받아들일 수 없다면 독이 됩니다. 남편 입장에서 아내가 너무 단호하게 이야기하면 자신의 문제를 쉽게 생각하고 함부로 여긴다고 생각하게 됩니다. 아내가 조언을 하는 상황에 이르렀다는 것에 자존심 상해합니다. 그래서 더 반발하거나 화를 낼 때는 남편이 하는 말 자체가 아니라 이면에 담긴 의미를 읽어내려 노력해야 합니다. 남편의 표현이 거칠더라도 단어 자체에 너무 신경 쓰지 않는 것이 정신 건강에 이롭습니다.

우울증에 걸린 남편은 솔직한 마음을 드러내려 하지도 않으면서, 아내가 자신을 백 퍼센트 이해해주기를 원합니다. 심술 난 아이처럼 굴기도 합니다. 아내가 어떻게 해주어도 불평과 짜증을 늘어놓습니다. 이때는 남편이 이런 메시지를 보내고 있다고 이해하면 됩니다.

'그냥 아무 말도 하지 말고 내 옆에 있어줘.'

'우울하고 두려운데 나도 어떻게 해야 할지 모르겠어. 그래도 당신이 옆에 있어줘서 마음이 놓여. 내가 바보같이 굴어도 날 떠나가지는 말아줘.'

또 한 가지, 남편의 문제를 대신 해결해주려 하지 마세요. 남편의 우울증을 아내가 모두 감당하려 하는 경우를 드물지 않게 봅니다. 이것은 옳지 않습니다. 남편의 우울증을 아내가 책임지려고 해서는 안 됩니다. 남편의 우울증이 자신의 잘못인 양 자책하거나 죄책감을 갖는 것도 피해야 합니다.

"내가 더 잘해줬어야 하는데…… 남편이 힘든 것도 모르고 지냈어요. 내가 신경 써주지 않아서 이렇게 됐어요."

남편이 우울해하니까 자기 생활을 포기하고 남편에게만 매달리는 아내도 있는데요. 남편이 힘들수록 아내도 자기 건강을 잘 돌봐야 합니다. 꾸준히 운동하고, 식사도 잘 챙겨 먹고, 친구들도 만나면서 스트레스를 해소해야 합니다.

남편을 완전히 이해할 수 있다는 생각에서 벗어나야 합니다. 우울증에 빠진 사람을 이해하기란 쉽지 않습니다. 그들의 마음속에 어떤 폭풍이 몰아치고 있는지, 어떤 생각이 그들의 심장에 피를 흘리게 만들었는지, 다른 사람은 절대로 다 이해할 수 없습니다. 환자 스스로도 자기 마음을 모를 때가 많은데, 아무리 남편을 사랑한다 해도 그 마음을 다 알 수는 없습니다.

남편이 지금의 고통에 대해 아내에게 모든 것을 다 털어놓아야 한다고 생각해서도 곤란합니다. 부부 사이에 백 퍼센트 투명성은 있을 수 없습니다. 절대적 진실성이 있어야 한다는 것도 신화입니다. 남편에 대해 모든 것을 알아야겠다고 할수록 남편은 아내를 피하려고 할 겁니다. 중년이 되어서도 이런 신화에 얽매여 있으면 남편과 아내 모두 힘들어집니다.

고통의 순간에도 그의 곁에 머무르겠다는 마음만 잃지 않으면 됩니다. 남편이 아내가 자신을 끝까지 믿어줄 거라고 느낄 수만 있다면, 그것으로 충분합니다. 남편을 향해 아내가 할 수 있는 것은, 옆에서 끊임없이 이렇게 알려주는 일입니다.

"당신의 인생은 헛되지 않았어. 그건 내가 증명해줄 수 있어. 당신은 내게 소중한 존재야."

 삶의 온도를 조절하기 위해 해야 할 일

우울증에 걸린 남편에게 해줄 수 있는 말

•

- 남편이 감정을 털어놓을 때는 언제든지 귀 기울여주겠다는 확신을 줘야 합니다.
  "하고 싶은 이야기가 있거나 도움이 필요하면 언제든지 말해."
- 남편이 하는 말에 뭐라고 대꾸해야 할지 모르겠다면 솔직하게 표현하세요.
  "나도 당신을 도와주고 싶지만 어떻게 해야 할지 잘 모르겠어."
- 어떻게 해야 할지 몰라 당황하거나, 과민하게 반응하면 우울증에

걸린 남편은 상처받을 수 있습니다. 이때는 다음과 같은 정도로 말해주는 게 적절합니다.

"당신이 어떤 기분이고 어떤 생각인지, 또 내가 어떻게 해줘야 하는지 정확히 알 수는 없지만, 당신을 이해하고 싶어."

"당신 곁에는 가족이 있어. 어떤 일이 있어도 당신 곁에 있을 가족 말이야."

당신은 그를 위해
가슴 아플
준비가 됐나요

- - - - - - - - - - - - - -

20대부터 꾸준히 연애를 해온 30대 남자. 올해는 꼭 결혼을 하고 싶은데 잘 만나오던 연인이라도 결혼을 생각하게 되면 고민이 꼬리를 물기 시작합니다.

결혼이라는 것은 무엇일까, 결혼은 어떤 사람이랑 해야 하는 걸까, 난 이 여자랑 평생 같이 살 수 있을까, 결혼은 꼭 해야만 하는 것일까…….

결혼을 하고 싶다는 생각으로 시작하지만, 결혼이라는 걸 꼭 해야 하는가라는 질문으로 끝나기 일쑤입니다.

"저는 뭐가 문제일까요?"라고 묻는 이 남성에게 이렇게 답했습니다.

"문제라니요. 결혼에 대해 고민하는 것은 아주 당연한 일입니다. 지극히 정상입니다."

결혼을 하고, 직장을 선택하고, 사직을 결심하는 것과 같이 중요한 문제에 맞닥뜨리면, 누구나 원하기도 하지만 원하지 않는 마음을 동시에 갖게 됩니다. 확고한 결심을 하기보다는 갈대처럼 이리저리 흔들리는 것이 보편적 반응입니다.

결혼에 대해 양가감정이 드는 것은 전혀 문제가 아닙니다. 인생에서 결혼이 얼마나 중요한지를, 감정이 당신에게 다시 한 번 알려주고 있는 것일 뿐입니다.

결혼 전문가, 부부 문제 전문가들 가운데 정작 자신의 결혼 생활은 순탄하지 않았거나 이혼한 경우가 많습니다. 결혼이 던져주는 인생의 고난을 온몸으로 겪어본 뒤에야, 비로소 누군가를 향해 '현실의 결혼이란 이런 것이다' 하고 말해줄 수 있기 때문이겠지요.

사실, 결혼에 대해 누구에게나 적용되는 정답이란 존재하지 않습니다. 개개인의 가치관과 인생철학에 따라 답은 달라질 수밖에 없습니다. 어떤 사람에게는 결혼하는 것이 정답일 수 있지만, 또 다른 사람에게는 혼자 사는 것이 자신의 가치를 실현하기 위해 더 나은 선택이 될 수도 있으니까요(그래서 인생의 문제에 대해 자신의 말을 따르라는 식의 조언을 하는 사람은 조심해야 합니다).

다만, 두 가지만 짚고 넘어가면 좋겠습니다. 사랑이란 과연 무엇일까요? 저는 사랑을 수용과 존중이라고 정의합니다. 그 사람의 외모나 사회적 지위와 상관없이 그를 있는 그대로 받아들이고 존중하는 것이지요. 그 사람이 나와 함께 있을 때 있는 그대로의 내 모습이 존중받는다고 느끼면, 그와 나는 사랑으로 맺어진 관계라고 할 수 있습니다. 이것이 제가 정의하는 사랑입니다.

당신이 누군가와 있을 때 이런 느낌을 받고, 그 사람도 이렇게 느낀다면, 당신은 그 사람과 결혼으로 맺어져도 괜찮은 관계라고 할 수 있습니다. 이런 사람을 만난다면, 결혼에 대해 진지하게 고려해봐야 합니다. 인생을 살면서 이런 느낌을 주고받을 수 있는 사람을 만나기란 쉽지 않으니까요.

"네가 좋아하는 사람이 너를 좋아해주는 것. 그게 바로 삶의 가장 큰 기적이야"라고 《어린 왕자》에 쓰여 있는 것도 바로 그런 이유 때문이겠지요.

두 번째, 사랑하는 만큼 가슴 아플 각오가 되어 있냐 하는 겁니다. (아프니까 청춘이 아니라) 아프니까 사랑입니다. 아프지 않은 사랑은, 사랑이 아니지요. 빤한 이야기 같지만 사랑의 본질은 행복이 아니라 눈물일지도 모릅니다. 열렬히 사랑한다는 것은 그 사랑 때문에 많이 울어야 한다는 또 다른 표현일지 모릅니다.

당신은 사랑 때문에 가슴 아플 준비가 되어 있나요? 마음이 찢어질 각오가 되어 있나요? 결혼을 할 것인가 말 것인가가 아니라, 진짜 사랑을 할 준비가 되어 있는 거 맞나요?

 삶의 온도를 조절하기 위해 해야 할 일

삶의 가치를 알아보는 설문지

첫 번째 가치: 가족
- 당신은 어떤 형제/자매, 아들/딸, 아버지/어머니가 되고 싶습니까?
- 당신은 가족관계 속에서 어떤 사람이 되고 싶습니까?
- 만약 당신이 이상적인 사람이라면, 가족을 어떻게 대할 것입니까?
- 가족들과 어떤 활동을 지속적으로 하고 싶습니까?
- 어떤 가족관계를 만들어가고 싶습니까?

두 번째 가치: 결혼, 애정

- 당신은 어떤 배우자와 함께하고 싶습니까?
- 당신은 그 관계 속에서 어떤 모습으로 있기를 바랍니까?
- 당신이 이상적인 사람이라면, 배우자/연인을 어떻게 대할 것입니까?
- 어떤 관계를 맺고 싶습니까?
- 당신의 배우자/연인과 지속적으로 매진하고 싶은 활동은 무엇입니까?

세 번째 가치: 우정

- 좋은 친구 사이란 무엇을 의미합니까?
- 당신은 친구에게 어떤 모습을 보여주고 싶습니까?
- 당신은 우정관계에서 어떤 사람이고 싶습니까?
- 어떤 종류의 우정을 구축하고 싶습니까?
- 친구와 지속적으로 함께 활동하고 싶은 것은 무엇입니까?

네 번째 가치: 직업

- 직장에서 당신은 어떤 사람이고 싶습니까?
- 일과 어떤 관계를 구축하고 싶습니까?
- 그 일을 좋아하는가와 무관하게, 당신의 일을 더욱 의미 있게 만드는 것은 무엇입니까?

다섯 번째 가치: 교육과 개인의 발전

- 배움과 교육, 훈련에 관해서 당신이 중요하게 생각하는 것은 무엇

입니까?

- 어떤 새로운 기술과 지식을 습득하고 싶습니까?
- 어떤 교육을 더 받고 싶습니까?

여섯 번째 가치: 취미, 레저

- 어떤 취미를 갖고 싶습니까?
- 지속적으로 어떤 활동에 매진하고 싶습니까?
- 어떻게 창조적이고 싶습니까?
- 어떤 새로운 활동을 시도해보고 싶습니까?

일곱 번째 가치: 종교, 영성

- 삶의 가치에서 당신에게 중요한 것은 무엇입니까?
- 지속적으로 하고 싶은 신앙 생활의 형태에는 어떤 것이 있습니까?

여덟 번째 가치: 사회, 지역사회 공헌

- 사회에 어떤 기여를 하고 싶습니까?
- 지역사회를 위해 어떤 활동을 하고 싶습니까?

아홉 번째 가치: 환경

- 환경을 보호하고, 변화시키기 위한 활동으로 무엇을 하고 싶습니까?
- 어떤 환경에서 살고 싶습니까?
- 직장, 집, 자연을 창조적이고 유익하게 바꾸기 위해서 어떤 활동을

하고 싶습니까?

열 번째 가치: 건강

• 당신의 신체를 어떻게 관리하고 싶습니까?

• 어떤 신체적 건강을 갖고 싶습니까?

• 건강해지기 위해 어떤 활동을 하고 싶습니까?

불확실성에
맞서 싸울
용기
- - - - -

요즘 온라인에서 물건을 구매하는 사람들이 많지요. 가격 비교부터 사용 후기까지 읽고 판단할 수 있으니 광고에 현혹되어 구매하지 않을 수 있어 좋다고들 합니다. 그런데 한 여성은 비싼 전자 제품은 물론 샴푸 하나, 휴지 하나를 살 때도 인터넷을 뒤져 정보를 확인하고 또 확인하는 자신의 행동 때문에 걱정을 했습니다.

그 여성은 판매율 1위라든가 성능을 인정받았다는 증거가 있는 상품만 사게 된다고 했습니다. 문제는 자신이 원하는 상품이라도 그것이 좋다는 증거가 확실하지 않으면 손이 가질 않고, 물건 하나 사는 데도 몇 시간씩 인터넷만 뒤지고 있다며 자신이 '증거 중독'에 걸린 것 같다고 하더군요.

이 여성이 특별한 경우는 아닙니다. 저 역시 사람들이 좋다고 하는 물건, 판매율이 높은 물건을 사게 되지 그저 제 눈에 좋아 보여서 구매하지는 않으니까요.

여러 가지 이유가 있겠지만, 무엇보다 우리 사회에서 신뢰가 약해진 탓이 클 겁니다. 원산지를 속인다든가, 표시된 것보다 성능이 떨어진다든가, 광고와 달리 질이 좋지 않다든가 하는 일들을 겪다 보니 증거 수집에 열을 올리게 되는 것이지요.

인터넷을 통해 우리가 얻을 수 있는 정보량이 무한대로 늘어났다는 것, 새로운 제품과 정보가 끊임없이 생산되고 업데이트 되고 있다는 것, 그래서 정보에 민감하지 않으면 금세 뒤처지게 된다는 것도 원인일 겁니다.

여기에 덧붙여, 가만히 넋 놓고 있다가는 나만 손해 본다는 피해의식도 한몫하고 있을 겁니다. 똑같은 물건을 두고도 사람마다 다른 가격을 주고 사는 경우가 허다하니, 좋은 조건을 찾아 끊임없이 정보를 수집해야 하니까요.

세상 탓만 할 수는 없을 것 같습니다. 증거 중독의 가장 중요한 원인은 자기 확신의 결핍일 테니까요. 세상을 믿지 못하는 게 아니라 나의 취향과 욕망, 그리고 내가 인생에서 진정으로 추구하는 것이 무엇인지 모르는 채 살아가는 것이 증거 중독의 근본 원인일 겁니다.

우리는 누군가가 내 삶을 대신 결정해주는 데 너무 익숙해져 있는 것이 아닐까요? 학창 시절 공부를 잘하느냐 아니냐는 내가 쓴 답이 문제집 끝의 해답지와 일치하느냐 아니냐 하는 것으로 결정되고, 내가 가치 있는 사람인지 아닌지는 면접관이 결정해주고, 내 삶이 아름다운지 아닌지는 인스타그램의 '좋아요' 숫자가 결정해주고 있으니까요.

세상에 넘쳐나는 광고는 하나같이 "지금 당신이 원하는 것은 바로 이것입니다" 하고 거짓 욕구를 주입하고 있습니다. 욕망마저도 세상이 만들어내고 있는 것이지요. 그러다 보니 내가 욕망하는 것이, 나의 내면에서 비롯된 것인지조차 확신하지 못하게 되었습니다.

저도 한때 증거 중독에 시달리던 때가 있었습니다. 강사 직함을 달고 한창 논문을 준비하던 무렵이었습니다. 내 주장을 글로 풀어내지 못한 채, 다른 연구자들의 논문을 쫓아다니며 인터넷만 계속 뒤지곤 했습니다. 물론 이는 논문을 쓰기 위해 필요한 과정입니다.

하지만 연구를 통해 얻은 통찰을 깊게 사유하고 그것에 대한 확신을 갖지 못한 채, 인터넷에 떠도는 무수한 증거들만 수집하며 논문 쓰기를 미뤘습니다. 시간만 흘러가고 정작 생산적인 논문 쓰기는 제대로 할 수 없었습니다. 끊임없는 증거 찾기는 논문을 쓰기 위한 필수 과정이 아니라, 자기 확신이 부족해서 생긴 부작용이었던 셈이지요.

정보가 늘어날수록 이성이나 논리보다는 직관이 더 중요해집니다. 그런데 직관이라는 것도, 내면의 기준과 자기 욕망에 대한 선명한 자각이 있을 때 자연스럽게 솟아나는 것입니다.

하지만 자기 확신이 없으면 직관은커녕 끊임없이 의심하고 회의하며 뒤돌아보기를 반복하게 됩니다. 그래서 증거를 찾아 헤매는 것이지요. 직관을 따르면 열린 마음과 생기, 활력, 편안함, 해방감이 따라옵니다. 삶에 대한 열정이 사라지지 않습니다. 나를 믿고 내 선택을 믿을 때 우리는 거침없이 앞으로 나아갈 수 있습니다

불안 일기 쓰기

우리는 대체로 불안을 솔직하게 인정하기보다는 불안을 인식하지 않으려고 방어합니다. 불안을 느낄 수밖에 없는 상황에서도 귀찮다, 지루하다, 혼란스럽다, 몸이 좋지 않다는 언어적 속임수로 불안의 존재 자체를 인정하지 않으려 합니다. 하지만 불안을 자각해야 합니다. 그래야 불안을 다스릴 수 있습니다.

우선 불안 일기anxiety journal를 쓰는 것부터 시작해보세요. 항상 지니고 다니면서 하루에 있었던 일에 대한 자신의 반응을 써보세요.

무단횡단을 할지 말지, 이직을 할지 말지, 소설을 계속 쓸지 그만둘지 고민하는 상황 등 매일 부딪히는 상황에서 자신의 감정 반응에 호기심을 갖고 관찰합니다. 어떤 상황에서 불안을 느끼고 그것이 어떻게 표현되는지(근육 긴장, 손 떨림, 땀 흘림과 같은 육체적 불안 반응 등)인식하려고 노력해보세요. 예를 들어 이렇게 쓸 수 있을 겁니다.

"슈퍼마켓에서 음료수를 사지 못했다. 생수를 사야 할지 탄산음료를 사야 할지 고민만 하다가 음료수 사는 것을 포기해버렸다. 배가 아프기 시작했고 집에 돌아왔을 때도 여전히 배가 아팠다. 어떤 음료수를 선택할지 고민하는 것으로 불안 증상이 일어날 수 있다는 것이 정말 놀랍다. 내일은 얼마나 더 불안해질까?"

잠시
여행을 왔다
생각해보세요

- - - - - - - - - - - - - -

상담을 하다 보면, 남편 직장을 따라 타지로 온 아내가 낯선 환경에 적응하지 못해 힘들어하는 경우를 종종 접합니다. 당연히 남편이 정서적으로 지지해줄 때 아내도 더 잘 적응하겠지요. 빨리 퇴근하고, 저녁 시간을 함께 보내고, 같이 장도 보고, 집 근처도 가볍게 산책하면서요.

하지만 대부분의 남편은 새로운 일이 바빠서 아내의 마음까지 챙길 여유가 없고, 그저 취미 생활을 찾으라거나 친구를 사귀어보라고 말하는 게 전부입니다.

제 아내도 저를 따라 아무 연고 없는 대구로 가 생활한 적이 있습니다. 전문의가 되고 나서 군의관 생활을 대구, 정확히는 경산에서 했거든요. 주변에 변변한 가게 하나 없는 곳이었습니다. 편의점에 가려면 차를 타고 나가야 했지요.

그때 제 아내도 낯선 환경에 적응하기 어려워했습니다. 저야 오전에 출근해서 저녁에 퇴근하니 아내보다는 적응하기가 수월했지만요. 그때 저희 부부가 가장 많이 한 일은 사찰 산책이었습니다. 경산에서 조금만 차를 타고 가면 은혜사라는 절이 나옵니다. 공기가 맑고 경치가 좋아서 천천히 거닐다 보면 마음이 정화되는 곳이었습니다.

동네 공원에 가듯이 은혜사에 가서 아내와 손을 잡고 걷곤 했습니다. 늦은 저녁엔 물이 정말 좋던 근처 온천에 가서 목욕도 즐기고요. 주말이면 팔공산, 대구 시내 등 여러 곳을 같이 돌아다녔습니다.

힘들어하는 아내와 많이 다투기도 했지만 그 시절 함께 이곳저곳을 다녔던 추억이 지금은 살아가는 힘이 됩니다. 서울에서 나고 자라 한 번도 서울을 떠나본 적이 없던 아내가, 생전 등산 한 번 안 해본 사람이 팔공산에 올라 이렇게 말했던 기억이 새롭습니다.

"여기 올라오니 명품 가방이 무슨 소용인가 싶네."

서울에서 쫓기듯 살다가 내려와 여유롭게 걷던 은혜사의 돌길도 잊을 수가 없습니다. 그 시절은 우리 부부에게 아름다운 풍광이 있는 곳으로 조금 긴 여행을 다녀왔다는 추억으로 남아 있습니다.

어쩔 수 없는 사정으로 낯선 곳에서 생활하게 되어 어려움에 직면했다면, 여행을 떠나왔다고 생각해보세요. 일부러 큰돈 들여서 여행도 가는데 말이지요.

하지만 타지로 옮겨 가는 게 정 탐탁지 않다면 주말 부부를 고려해보는 것도 한 방법입니다. 그동안의 상담 경험에 비추어보면, 남편만 지방에 내려가 일하다가 주말에 서울 집으로 돌아와 가족과 함께하는 편이 더 낫더군요. 어차피 부부 생활은 '따로 또 같이' 살아가는 것이니, 이런 생활 방식도 나쁘다고 할 수는 없겠지요.

일본에서는 요즘 '소츠콘 족'이 늘어나고 있다고 하지요. 졸혼卒婚을 뜻하는 일본말인 '소츠콘'은 일본 작가 스기야마 유미코가《졸혼을 권함》이란 책에서 처음 만들어낸 단어로, 불화 끝에 갈라서는 이혼과는 다르게 결혼 생활을 원만하게 정리하고 서로 자유롭게 사는 삶의 방식을 말합니다.

오랜 결혼 생활을 지속해온 부부가 결혼의 의무에서 벗어나 각자 제2의 인생을 설계하는 것인데요. 고령화로 인해 결혼 기간 자체가 길어진 상황에서 인생의 후반부까지 부부라는 관계에 얽매여 평생 소망했던 일들을 이루지 못하는 것은 안타까운 일이라고 생각하기 때문입니다.

저 또한 억지로 부부관계를 지속하기보다는 두 사람 각자의 행복이 더 중요하다고 생각합니다. 가정 폭력과 같은 극단적인 상황이 아니라면 결혼 생활을 유지할 것이냐, 이혼할 것이냐, 혹은 떨어져 살 것이냐 하는 결정에서 더 나은 쪽은 없다고 봅니다. 배우자와 헤어져 혼자 사는 삶을 선택할 경우 자신에게 생기는 불확실성과 위험성을 고려해보고, 이를 현재 수준의 만족과 비교하여 어느 쪽이 더 나을지 결정하면 되는 것이지요.

어떠한 모양으로 살든 결국 가장 중요한 것은 부부 두 사람의 행복, 더 나아가 내 자신의 행복이라는 사실을 잊지 않았으면 좋겠습니다.

자연과 친해지기

●

정신 건강 서비스를 제공하는 사람들이 간혹 간과하는 중요한 자원은 바로 위대한 자연입니다. 이 자원은 모든 사람이 사용할 수 있는데다 돈도 들지 않습니다.

자연과 접촉하면 일일이 열거할 수 없을 만큼 신체와 정신의 건강에 큰 도움이 됩니다. 꼭 자연 속으로 들어가야만 효과를 누릴 수 있는 것도 아닙니다. 창밖으로 자연을 보거나 사진을 보는 것만으로도 가능합니다.

2013년 〈환경과학과 기술Environmental Science&Technology〉에 실린 한 연구는 스트레스 회복에 다양한 이미지들이 어떤 영향을 미치는지 실험했습니다. 실험 참가자들은 자연 이미지를 보거나 인공적인 환경 이미지를 약 10분간 봤습니다. 그 결과, 공원이나 정원 같은 자연 이미지를 보는 것만으로도 스트레스가 감소하는 것으로 나타났습니다.

자연의 소리를 듣는 것도 좋습니다. 연구 결과를 보면, 녹음된 자연의 소리를 듣는 것도 자연 이미지를 본 것과 같은 효과가 있는 것으로 나타났습니다.

도시에서 걷는 것과 숲속을 걷는 것의 효과를 비교해보면, 후자는 스트레스 호르몬을 감소시켜줄 뿐만 아니라, 면역세포 수도 증가시켜줍니다.

오늘날 정신 질환이 증가하는 것은 우리가 자연으로부터 점점 분리

되고 있기 때문은 아닐까요? 정신 건강 전문가들은 자연에서 보내는 시간을 처방해야 합니다. 전문가의 처방이 없이도 우리는 자연을 최대한 누리려고 노력해야 하고요.

아무것도
결정할 수
없을 때

쇼핑을 하다 마음에 드는 옷을 발견해도 바로 사지 못하고 친구에게 "이 옷 어때? 잘 어울려?" 하며 일일이 물어보는 사람. 직장에서 일을 할 때도, 교제할 이성을 결정할 때도, 심지어 점심 메뉴조차 친구나 동료, 가족의 의견에 따라 움직이는 사람. 요즘 많은 분들이 결정 장애로 고민을 토로하는데요.

결정은 원래 어려운 겁니다. 결정을 할 때, 신경이 쓰이고 불안해지는 것은 지극히 정상적인 반응이지요. 만약 결정의 순간에 (사소해 보이는 일일지라도) 조금의 불안도 느끼지 않는다면, 인간이라는 종은 지금까지 생존해오지 못했을 겁니다. 결정 불안의 이면에는, 숨겨진 위험을 알아차리고 그것에 대비하려는 생존 본능이 숨겨져 있으니까요. 결정 스트레스를 느낀다는 것은 그만큼 '신중한 사람'이라는 뜻이기도 합니다.

인지행동 치료 전문가들은 결정 장애를 호소하는 사람들에게 A라는 결정의 이익과 손실, 그리고 B라는 결정의 이익과 손실을 나란히 써보면 도움이 된다고 조언합니다. 하지만 사실 현실에서 이런 접근은 실효성이 떨어집니다.

결정할 때 스트레스를 느낀다는 것은, A라고 결정하든 B라고 결정하든 그 이익과 손실이 50대 50이라는 것을, 이미 직감적으로 인식한 것이니까요. 그런데 그것을 군이 종이에 옮겨 적어봐야, 50 대 50이라는 것을 또다시 확인하게 될 뿐입니다. 결정이 어려운 까닭은 어떤 결정을 내려도 이익과 손실이 반반이기 때문이지요.

하지만 주의해야 할 점이 있습니다. 결정 스트레스에 시달리고 있다면, 불안 때문에 결정에 따르는 위험을 더 위협적으로 인식하고 있는 것은 아닌지 스스로를 들여다봐야 합니다. 우리의 이성적 판단은 감정에 의해 쉽게 왜곡됩니다. 기분과 일치하는 방향으로 편향됩니다. 불안할 때는 위험 요소에만 선택적으로 주의를 기울이게 되지요. 그래서 현명한 판단을 내리기 어려워집니다.

　너무 지쳐 있어서 결정 피로decision fatigue 상태에 빠져 있는 것은 아닌지도 점검해봐야 합니다. 이스라엘 벤구리온 대학교의 단지거 교수와 컬럼비아 대학교의 레바브 교수 팀은 가석방 전담 판사들을 대상으로 10개월 동안 결정 피로가 현실에서 어떤 파급력을 갖는지 연구했는데요. 여덟 명의 판사가 결정한 1,112건의 가석방 자료를 검토한 결과 놀라운 사실을 알게 됐습니다.

　평균 경력 22년인 판사들은 6분에 한 건 꼴로 가석방 여부를 결정했는데, 이들의 가석방 승인율은 평균 35퍼센트였습니다. 그런데 흥미로운 것은 점심 식사를 한 직후에는 승인율이 65퍼센트인데 반해, 점심 식사 전에는 0퍼센트에 가까웠습니다. 피곤하고 배고픈 판사는 가석방 요청을 쉽게 거부해버린 겁니다.

　피로하고 허기질 때는, 마음을 열고 다른 가능성을 고려하기보다는 위험 부담을 줄이려는 경향이 커집니다. 아무리 훈련된 전문가라도 몸이 힘들면 의사 결정 방향도 그들의 의지와 상관없이 변합니다.

　지금 결정 스트레스를 느낀다면 너무 지쳐 있는 것은 아닌지 스스로를 돌아보세요. 결정 장애가 문제가 아니라 삶에 너무 지친 것이 문제입니다.

　어떤 결정을 내리든 장단점은 동시에 있습니다. 그래서 어느 한쪽을 명확히 우위에 두기가 어렵습니다. 이때는 이성이 아니라 마음을 따라보세요. 무모해 보여도 나를 믿고 한 걸음을 멋지게 뗄 용기도 필요한 법이니까요.

 삶의 온도를 조절하기 위해 해야 할 일

스트레스 측정법

●

다음의 사항이 당신에게 문제가 되면 표시하세요.

- 일을 자꾸 미룬다.
- 물건을 어디에 두었는지 자주 잊는다.
- 무언가 하려고 하면 방해하는 것들이 많다.
- 단호하게 아니라고 말을 잘 못 한다.
- 도대체 지금이 몇 시인지 모를 때가 많다.
- 나는 완벽주의자다.
- 피로하고 지친다.
- 정력이 많이 떨어지는 것 같다.
- 창조성이 떨어진다.

- 융통성이 없다.
- 기억력이 많이 떨어진 것 같다.
- 즐길 시간이 없다.
- 긴장을 푸는 시간도 없다.
- 혼자 일하는 게 편하다.
- 자주 식사를 거르거나 마구 먹는다.
- 약속에 자주 늦는다.
- 오랫동안 사람의 이야기를 듣고 있을 수가 없다.
- 거의 운동을 못 한다.
- 나에게 무리한 요구들을 많이 한다.
- 하는 일에 비해 보상이 적다.

15점 이상: 당신의 스트레스는 매우 위험한 수준입니다.

10점 이하: 당신은 꽤 힘든 생활을 하고 있지만 어느 정도 스트레스를 조절하고 있습니다. 그러나 스트레스는 당신이 생각한 것보다 더 큰 문제가 될 수 있으니 조심하세요.

5점 이하: 좋습니다. 계속 이 상태를 유지하십시오. 그래도 가끔 스트레스가 쌓인다 싶으면 가볍게 '스트레스 흔들기'를 해보세요.

돈으로 사랑을
살 순 없어도
표현할 순 있습니다

- - - - - - - - - - - - - - - - - - - -

올해도 어김없이 명절이 돌아오네요. 고향이 지방이라 평소 자주 내려가지 못해서 오랜만에 뵙는 부모님과 친척들을 생각하면 마음이 들뜨지만, 아내 눈치 볼 생각에 마냥 좋지만은 않습니다. 부모님께 용돈을 넉넉히 드리고 싶어도 아내는 아이들 교육비에 생활비 얘기를 하며 싫어하는 기색입니다.

게다가 명절 아침 차례를 지낸 후 부모님이 누나와 매형 식구를 보고 가라고 하면, 아내의 표정은 눈에 띄게 안 좋아집니다. 처가로 향하는 차 안은 매번 전쟁터가 됩니다.

"당신 누나는 명절 때마다 동생을 보는데 나는 장가간 동생 본 지가 언젠지 모르겠네"라며 아내는 화를 냅니다.

저는 부모님 말씀을 거스르지도 못하겠고, 아내 말도 무시할 수 없습니다. 명절 스트레스는 여자가 더 받는다고 하던데, 우리 집은 아내 눈치 봐야 하는 제가 더 힘든 것 같습니다. 남편과 아내, 둘 다 마음 편한 명절 연휴를 보내는 게 이렇게 어려운 일일까요?

명절 때마다 비슷한 사연을 많이 받는데요. 명절만 돌아오면 아내가 신경질을 부린다는 남성도 있었습니다.

"내 친구는 명절 때마다 해외여행 가는데 나는 시골 내려가서 전 부치고 상 차리고 설거지하고…… 이렇게 고생해도 당신이나 당신 부모님은 고마워하기는커녕 당연하게 여기잖아!"

그러면 한마디도 못하고 묵묵히 듣고만 있다고 하더군요. 아내가 혹시라도 올해는 시가에 안 가겠다고 선언하면 골치 아파지니까, 명절 전부터 아내 눈치를 보며 비위 맞추기에 돌입한다면서요.

명절이라고 남편도 마냥 편한 것은 아닙니다. 기차표를 못 구해 직접 운전해서 고향에 내려가야 한다면 이만저만 피곤한 일이 아니지요. 도착해서도 어른들께 인사 다니고 오랫

동안 보지 못했던 지인들도 만나야 하는데, 이것도 여간 부담스러운 일이 아닙니다. 명절 연휴가 예비군 훈련 같다던 남성도 떠오르네요. 게다가 아내가 명절을 끔찍이 싫어해서 고향집에 가 있는 내내 뿌루퉁해 있으면 남편은 가시방석에 앉아 있는 기분일 겁니다.

하지만 남자가 아무리 힘들다고 해도 한국의 문화나 사회 분위기를 보면 여전히 명절 증후군의 주된 피해자는 아내입니다. 남편이 감당해야 하는 심리적 부담보다 아내의 부담이 더 크고, 육체노동의 강도를 봐도 아내가 더 고생입니다.

하물며 남편이 평소에도 늦게 퇴근하면서 집안일도 하지 않고 주말이면 피곤하다며 온종일 소파에 누워 있는데, 아내에게 "명절에 여자가 차례 준비하는 건 당연한 거 아니야? 다른 사람들도 다 하는 건데 이렇게 생색낼 필요는 없잖아!"라고 한다면 부부싸움이 안 나는 게 이상합니다(요즘 이렇게 강하게 말할 수 있는 남자도 많지 않겠지요).

남편은 "나도 고생이다, 나도 아내 눈치를 본다"라고 볼멘소리를 할 게 아니라 '내가 생각하는 것보다 실제로 아내가 받는 스트레스는 열 배 스무 배 이상 클 것이다'라고 생각을 바꿔야 합니다.

일전에 어떤 방송 프로그램에 출연했을 때 아나운서가 묻더군요.

"아내가 명절 증후군에 시달리고 있다면 남편이 어떻게 도와줘야 하나요?"

저는 이렇게 대답했습니다.

"아내에게 상을 줘야죠."

아나운서는 '무슨 답이 이래' 하는 표정으로 대꾸가 없었습니다(이후 이 프로그램에서 더 이상은 저를 부르지 않더군요). 잠시 시간이 흐른 후 아나운서는 고쳐 물었습니다.

"조금 더 구체적으로, 아내에게 어떻게 해주면 됩니까?"

저는 구체적으로 답했습니다.

"아내에게 '고맙다' '수고 많았다'고 말로만 생색내지 말아야 합니다. 말만 잘하면 명절 증후군이 해소될 거라고 생각하는 건 너무 순진한 것 아닐까요. 말 한마디로 아내가 고생한 것이 씻겨나가겠습니까. 핸드백이라도 하나 사주든가, 돈이 별로 없다면 꽃이라도 사들고 들어가야지요. 아내가 꽃보다 현금을 더 좋아한다면 그렇게 해주면 더 좋고요."

부부관계 전문가라는 사람들은 하나같이 명절 증후군을 해소하는 데는 대화법이 중요하다고 하지만, 말만 가지고 해결되는 경우는 절대로 없습니다.

명절에 수고한 아내에게 고맙다는 따뜻한 말 한마디면 됐지 선물은 무슨 선물, 부부 사이의 갈등을 물질로 해소하려는 건 너무 비인간적인 것 아닌가 하고 불쾌하게 여기는 사람도 있을 겁니다.

하지만 제 생각은 다릅니다. 돈으로 사랑을 살 수는 없어도, 사랑을 돈으로 표현할 수는 있거든요. 그저 고맙다는 말로 때울 게 아니라 고맙다는 말과 함께 꽃이라도 선물해주면 진심이 더 잘 전달되지 않을까요?

숨겨둔 비상금을 꺼내 꽃보다 비싼 핸드백을 선물한다면 더 좋겠지요. 손수 맛있는 저녁을 대접할 수도 있습니다. 그럴 때 아내는 비로소 '남편이 내가 고생한 것을 이렇게 고마워하고 있구나' 하고 느낍니다.

사과와 마찬가지로 고마움 역시 진심을 전달하려면 눈에 보이는 그 무엇(선물일 수도 있고 행동일 수도 있는)이 반드시 동반되어야 합니다.

가족을 더 사랑하는 방법

•

• 부부 사이에

1. 감정의 표현은 뜻밖의 감동을 얻어낼 수 있습니다.

   "당신 때문에 내 심장이 뛰는 소리를 다시 듣게 되었어요."

   "당신과 같은 공기로 숨쉴 수 있으니 행복합니다."

   누군가 여러 번 써먹었을 것 같은 표현일지라도 여전히 감동적일 수 있습니다.

2. 현재보다는 미래에 대한 이야기를 자주 나누며 발전적인 관계를 만들어 나가도록 노력해봅니다.

3. 나른한 오후, 라디오에서 흘러나오는 나와 같기도 하고 다르기도 한 사람들의 살아가는 이야기에 귀 기울입니다.

4. 한동안 쓰지 않았던 일기를 다시 꺼내 나 자신과의 새로운 소통을 시작합니다.

• 자녀에게

1. 아들과 함께 신문을 읽으며 '한 주일의 뉴스'를 정해 함께 토론하는 시간을 갖습니다.

2. 딸아이와 '이달의 책'을 정해서 한 달에 한 권씩 같은 책을 읽으며 책에 대해 이야기 나누는 시간을 갖습니다.

3. 고민이 많아 보이는 자녀에게는 "언제든 괜찮아. 말하고 싶을 때 말

해줘"라고 이야기합니다.

4. 모처럼 가족이 함께 모인 휴일, 디지털 카메라로 찍어두었던 사진들을 함께 보며 가족 앨범을 함께 꾸밉니다.

4장

감정은 언제나
나를 돕고 싶어 합니다

●

자신의 온도 다스리기

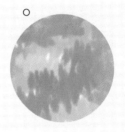

진짜 허기와 감정적 허기를 구분해보세요

온종일 직장에서 시달린 날 밤에는 유난히 치킨이 먹고 싶어지는 경험, 누구나 한 번쯤 해봤을 겁니다. 애인과 다툰 날 밤에는 달콤한 초콜릿이나 케이크가 더 당기지요. 스트레스를 받고 우울한 날에는 매운 떡볶이 생각이 간절해지고요. 이건 모두 감정적 스트레스를 먹는 것으로 보상하려는 충동에서 비롯된 겁니다.

그런데 보상 심리로 하루 이틀 야식을 과하게 먹는 게 아니라 습관적으로 반복된다면 야식 증후군Night Eating Syndrome을 의심해봐야 합니다. 하루 전체 칼로리의 25퍼센트 이상을 저녁 식사 이후에 섭취하고, 일주일에 두 번 이상 자다 깨서 음식을 먹는다면 이 증상에 해당합니다. 이런 환자는 아침에 식욕이 없고, 밤이 되면 먹고 싶은 충동이 강해집니다. 비만 환자의 10퍼센트 정도가 야식 증후군을 갖고 있지요.

야식이 건강에 해롭다는 것은 누구나 잘 압니다. 밤에 먹으면 살도 찌고 수면의 질도 나빠집니다. 위식도 역류 같은 소화기 질환의 원인이 되기도 하고요. 머리로는 알아도, 밤만 되면 야식의 유혹을 참아내기 어렵습니다. 편하게 소파에 누워 쉬려고 해도 텔레비전에서는 맛집 탐방이나 먹방 프로그램을 끊임없이 내보내고 있으니까요.

깊은 밤을 그냥 보내자니 왠지 허전하고, 치맥이라도 해야 하루를 제대로 마감하는 것 같은 기분이 듭니다. 저를 포함한 많은 사람들은 이런 유혹을 쉽게 떨쳐버리지 못합니다.

야식을 조금이라도 줄이려면 우선 진짜 허기와 감정적 허기를 구분할 수 있어야 합니다. 급한 업무 때문에 점심 식사를 못 했는데, 저녁 식사마저 간식으로 대충 때우고 야근을 하고 있다면 허기를 느낄 수밖에 없습니다. 이건 정상적인 허기입니다. 이럴 때는 야식이 필요합니다.

하지만 감정적 허기는 다릅니다. 갑자기 솟구치듯 식욕이 생기고, 달고 맵고 짠 것 등 자극적인 음식을 찾게 됩니다. 충분히 먹어도 포만감이 느껴지지 않고 죄책감이 따라온다면, 감정적 허기에 굴복당했다는 증거입니다.

브로콜리 테스트를 해보면 감정적 허기와 정상적인 허기를 쉽게 구분할 수 있습니다. 허기가 느껴질 때 "나는 지금 배가 너무 고파서 브로콜리라도 먹겠다?"라는 물음에 "네"라고 답할 수 있다면 육체적 허기입니다. "아니요"라고 대답한다면 그건 감정적 허기입니다.

물론 내가 지금 느끼는 허기가 감정적 허기라는 사실을 알아도 참기 힘들 때가 많습니다. 그럴 때는 무조건 참지 말고 건강한 음식으로 허기를 달래주는 것이 좋습니다. 제가 추천해드리는 방법은 바나나, 사과즙, 견과류를 순차적으로 먹는 겁니다.

처음에는 잘게 자른 바나나를 천천히 음미하면서 먹습니다. 그리고 나서 5분을 기다립니다. 이렇게 해도 허기가 가라앉지 않으면 사과즙을 먹습니다. 다시 5분을 기다립니다. 그래도 참을 수 없다면 견과류를 먹습니다. 포만감을 주는 채소인 오이, 당근, 토마토를 같은 방식으로 먹어도 됩니다.

평소에 마음 챙김 식사Mindfulness Eating를 하도록 노력해봅니다. 앞에서도 한 차례 소개한 방법인데요. 저녁 식탁에 올라온 음식을 주의 깊게 관찰하세요. 김이 모락모락 피어오르는 찌개의 냄새를 음미해보세요. 집집마다 향기도 색깔도 맛도 다 다를 겁니다.

입안에 찌개를 한입 떠 담고 그 속에 담긴 여러 가지 맛 하나하나에 주의를 기울입니다. 지금 느껴지는 이 맛은 어디서 온 것일까, 머릿속으로 그려봅니다. 순간의 느낌에 집중하면서 식사를 해보세요. 이런 식사 습관을 들이면 마음은 충만해지고 감정적 허기는 점점 사라집니다.

제가 또 하나 간곡히 부탁드리고 싶은 건 식사를 위한 시간을 따로 떼놓으시라는 겁니다. 단 30분만이라도 스마트폰과 텔레비전을 끄고 다른 사람이 방해하지 못하게 만드세요. 온전히 식사 시간에 집중하는 겁니다.

화가 난 상태거나 지나치게 스트레스를 받았다면 그럴 때는 식사하지 마세요. 이런 감정과 먹는 것이 연결되기 시작하면 화날 때마다 먹는 것이 생각나게 됩니다. 식욕과 격한 감정은 하나씩만 생겨도 감당하기 어렵습니다. 이 두가지가 연결되면 의지로 극복하기가 정말 어렵습니다.

화날 때는 모든 소화기 계통 기관들은 일하지 않도록 되어 있다는 사실을 상기하세요. 그것을 억지로 일하게 만든다면 언젠가는 몸에 반란이 일어날 겁니다.

'당신이 먹는 것이 바로 당신'이라는 말이 있습니다. 당신은 어떤 음식을 먹고 있나요? 혹시 너무 고기만 즐기고 있는 건 아닌가요? 또 먹는 양은 어떻습니까? 분명 좋은 음식과 나쁜 음식이 있지만, 아무리 좋은 음식도 먹는 양과 먹을 때의 마음가짐과 상황에 따라 나쁜 음식이 될 수 있습니다.

무엇보다 하루의 생활 패턴을 되돌아보세요. 야식 증후군 환자는 아침 식사를 하지 않고, 식사 시간도 불규칙합니다. 밤이 되면 멍하니 소파에 누워 텔레비전을 보면서 시간을 때우는 경우가 많습니다. 잠자리에 드는 시간이 매우 늦거나 낮과 밤이 뒤바뀐 생활을 하기도 합니다. 이렇게 생활하면 밤마다 뭔가를 먹고자 하는 충동이 강해질 수밖에 없습니다.

아침 식사를 챙겨 먹고, 정해진 시간에 자고, 정신적으로 몰입할 수 있는 활동에 적극적으로 참여하는 것. 삶의 기본을 지킬 때 건강해집니다.

감정적 허기 날려버리기

정서 자유 기법을 소개합니다. EFT Emotional Freedom Techniques 창시자로 유명한 미국의 게리 크레이그 박사가 개발한 신체의 특정 부위를 두들겨서 부정적 기억과 감정으로부터 자유로워지는 기법입니다.

손가락으로 우리의 몸 몇몇 부위를 두드려주면 에너지 흐름이 원활해지는데요. 신체 에너지 시스템이 원활하게 흐르면 부정적 정서로부터 자유로워진다는 원리이지요.

불쾌한 기억이나 느낌이 떠오를 때, 스트레스를 받거나 먹고 싶은 충동을 달래기 어려울 때 이 기법을 활용해보세요.

"나는 비록 지금 (스트레스를 받지만, 우울하지만, 먹고 싶지만) 나 자신을 마음속 깊이 진심으로 받아들입니다" 하고 읊조립니다. 이 말을 반복하면서 미간, 눈 가장자리, 인중, 턱, 가슴 중앙, 갈비뼈 아래쪽 그리고 새끼손가락 아래쪽의 손날을 검지와 중지로 차례로 두들깁니다.

불쾌한 느낌이 충분히 가라앉을 때까지 반복합니다. 충동은 감소하고 마음은 점점 편안해지는 것을 느끼게 될 겁니다.

마음에도
휴가가
필요합니다

대부분의 사람들은 삶의 매 순간이 행복하기를 원합니다. 그러나 우리 인생을 불행하게 만드는 사건들은 끊임없이 일어납니다. 삶 속으로 불쑥 들어와 우리를 흔들어놓는 사건이나 사람들은 계속 있게 마련입니다. 단지 우리가 할 수 있는 일은 우리의 삶 속에 들어오는 사람들과 사건들에 어떻게 반응하느냐 하는 것이지요.

《적과 흑》의 작가 스탕달은 이렇게 이야기했습니다.

"인생의 거의 모든 불행은 자기 자신에 관한 잘못된 사고방식

을 갖는 데서 생겨난다. 매사를 건전하게 판단하는 일이야말
로 행복으로 가는 큰 첫걸음이다."

지나온 과거를 바꿀 수는 없습니다. 그러나 생각을 바꿈으
로써 미래를 변화시킬 수는 있습니다.

물론 삶 전체를 통해 진실이라고 믿었던 생각을 바꾸기란
그리 단순한 작업이 아닙니다. 내 삶의 멋진 변화를 만들어내
기 위해서는 굳은 결심이 있어야 하고, 열심히 노력해야 하며,
도움을 청할 수 있는 사람이 있어야 합니다.

후지와라 신야는 1970년대에 출간되어 일본 젊은이들의
가슴에 불을 질러놓은 베스트셀러《인도 방랑》의 저자입니다.
《인도 방랑》을 읽고 직장에 사표를 던졌다는 사람이 속출했다
는 전설 같은 이야기가 지금까지 회자되고 있지요.

신야는 2011년 동일본 대지진 때 생수와 채소를 가득 싣
고 방사능 피폭 현장으로 달려갔고, 시부야 밤거리를 떠도는
10대들을 만나고 그들의 울분을 알리는 작업을 끊임없이 해왔
습니다. 그는 책과 사진을 통해서뿐 아니라 자신의 삶을 통해
사람에 대한 애정을 보여주었습니다.

이 책에는 자살을 생각할 만큼 절망에 빠져 있던 한 여성

이 아이를 낳고 난 뒤 삶의 의지를 되찾게 되는 에피소드도 실려 있는데요. 그녀의 손금을 봐준 점쟁이에게 들었던 이야기 하나가 소개되어 있습니다.

'손금을 봐서 먹고사는 사람이 이런 소리를 하는 것은 이상하지만, 자기 손금에 신경을 쓰는 사람은 불행해진다고. 자기만을 생각하는 사람이란 그만큼 걱정거리를 안게 되는 거라고. 그러니까 손금에 연연해하는 것을 졸업해야 한다고. 그리고 자신보다 남을 생각하라고. 살아갈 용기가 생길 거라고.'

우리 삶을 지배해온 신념 체계를 바꾸려고 노력하기 전에는 삶을 바꿀 수 없습니다. 신념 체계는 부모와 주위 사람들이 우리에게 가르쳐준 것들에 의해 이루어집니다. 만약 술 마시는 게 나쁜 것이 아니라고 어려서부터 배워왔다면, 다른 사람들이 무슨 말을 해도 술 마시는 것은 나쁘지 않다는 신념을 바꾸지 않을 겁니다.

당신이 가지고 있는 신념이 당신의 인생에 긍정적인 영향을 끼칩니까? 혹은 부정적인 영향을 끼칩니까? 그것이 당신과 당신 주변 사람들에게 해를 끼치고 있지는 않습니까?

우리는 머릿속에 들어오는 생각을 통제할 수는 없습니다. 그러나 얼마나 오랫동안 머릿속에 머물게 하는가는 통제할 수 있습니다. 자, 예를 들어봅시다.

월요일 아침 9시에 상사가 당신에게 소리를 질렀습니다. 어떤 말은 일리 있었지만 다른 말들은 화풀이에 불과했습니다. 어찌되었든 당신은 상처를 받았고 창피했습니다. 지금은 12시입니다. 당신은 그 생각을 지울 수가 없습니다. 당신은 화가 나 있습니다.

오늘은 화요일, 당신은 아직 화가 나 있고, 직장에서나 가정에서나 계속 그 일에 대해 생각합니다. 그렇다면 당신은 당신 마음의 통제권을 그 상사에게 준 것입니다.

기억하십시오. 변화는 평생 계속되는 과정입니다. 당신의 현재 모습은 하루아침에 이루어진 것이 아닙니다. 당신이 가진 생각이 지금의 당신을 만들었습니다. 당신이 왜 그 생각을 갖게 되었는지 돌아보세요. 그 생각을 바꾸려고 시도해보세요.

당장 바뀌지는 않을 겁니다. 필요하면 전문가에게 조언을 구하고, 스스로도 매일 노력하십시오. 당신 자신의 편에서 생각하기 위해 노력해보세요.

삶의 온도를 조절하기 위해 해야 할 일

자기 전 세 가지 일 떠올리기

•

- 하루 동안 기분 좋았던 세 가지 일은 무엇인가요? 그 일은 어떻게 이루어졌나요?
- 하루 동안 고마웠던 세 명의 사람이나 세 가지 일은 무엇인가요?
- 하루 동안 내 재능을 잘 발휘한 세 가지 일은 무엇인가요?

의지란
나를 세상 속에
힘차게 던져 넣는 것

- - - - - - - - - - - - - -

야구공을 두 손에 꽉 쥐고 온 힘을 다해 직선 방향으로 최대한 멀리 던져보세요. 똑바로 날아가던 공이 바닥을 향해 곡선을 그리면서 떨어지기 시작하는 순간이 옵니다. 그리고 그 순간은 공의 속도가 떨어질 때입니다.

삶이란 나 자신을 세상 속으로 힘차게 던져 넣는 것입니다. 하지만 현실이라는 중력의 힘은 만만치 않습니다. 끊임없이 나를 아래로 끌어내리려고 하지요. 그러다 의지의 힘이 약해지는 순간, 우리는 아래를 향해 떨어지기 시작합니다. 속도를 잃어버린 야구공처럼요.

트랙을 열심히 달리고 있습니다. 똑같이 힘을 들여 뛰고 있는데, 누군가가 나를 앞질러갑니다. '어, 이상하다. 나는 왜 속력이 나지 않지?' 그러다 알게 됩니다. 내 발목에는 묵직한 모래주머니가 채워져 있다는 것을. 나도 모르는 사이에 부정적인 생각과 행동을 반복하면서 '나쁜 습관'이라는 모래주머니를 차게 된 것입니다.

인생이라는 트랙에서 모래주머니를 달고 뛰어갈 수는 없습니다. 만약 우리에게 혁신이 필요하다면, 그건 아무리 애를 써도 속력이 안 나는 이유가 발목의 모래주머니 때문이라는 사실을 깨달았을 때일 겁니다.

선선한 바람이 부는 한적한 공원을 걷고 있습니다. 편안하고, 아무 걱정이 없습니다. 걸림돌도 없고, 눈을 감고 걸어도 넘어질 염려가 없습니다. 만약 당신의 삶이 공원 속 산책길을 걷고 있는 것처럼 느껴진다면, 그건 혁신이 필요하다는 신호입니다.

고단한 하루를 살아낸 뒤 나를 위로하는 산책의 시간은 반드시 필요하지만, 요즘 삶이 마치 산책하듯 걷고 있는 느낌이라면, 그건 내리막이 시작되었거나 안주하고 있다는 신호입니다.

삶의 속도가 떨어지거나, 있는 힘을 다해 내달려도 속력이 나지 않거나, 아니면 너무 편안하게 느껴져서 눈을 감고도 앞으로 걸어갈 수 있다고 느껴진다면, 그때가 바로 혁신이 필요한 순간입니다. 자기 혁신은 목표까지 날아가 닿을 수 있도록 의지를 다잡는 데서 시작됩니다. 의지가 없으면, 나를 세상 속에 각인시킬 수 없습니다.

처음에는 누구나 있는 힘을 다해 자기를 세상 속에 던져 넣습니다. 하지만 의지의 힘은 시간이 흐르면 줄어들게 마련입니다. 그냥 놔두면 힘이 빠진 야구공처럼 바닥에 떨어질 수밖에 없습니다. 의지의 힘을 끊임없이 다시 채워놓아야 중력을 이기고 목표를 향해 나아갈 수 있습니다.

자기 혁신은 나도 모르는 사이에 발목에 채워진 나쁜 습관을 내다버리는 것입니다. 하루하루가 반복되고 일상이 규격화되어 가면, 그 속에서 나쁜 습관들이 쌓여갑니다. "그냥 해왔던 대로 했던 건데 뭐가 문제냐?"라고 말하게 된다면, 나쁜 습관이 자신도 모르게 자리를 잡았다는 뜻입니다.

스스로를 돌아보세요. 효율도 떨어지고 의미도 없는 일을 아무 생각 없이 그냥 반복하고 있지는 않은지. 그것을 하나하나 버려가는 것이 바로 자기 혁신입니다.

자기 혁신은 익숙함에서 벗어나는 일입니다. 눈을 감고도 갈 수 있을 만큼 익숙해지면 편안함을 느낍니다. 예상 밖의 일이 일어날 염려가 없으니 주변에서 일어나는 일에 주의를 기울일 필요도 없습니다. 이런 삶은 열정을 앗아가버립니다. 창의력이 솟아날 수 없습니다. 무엇보다 점점 재미를 잃어갑니다.

자기 혁신에 성공하는 사람은 그리 많지 않습니다. 혁신에 성공하는 사람과 그렇지 않은 사람의 차이는 단 하나, 두려움에 어떻게 맞서느냐입니다. 현실에 짓눌려 지친 나 자신에게 다시 힘을 내라며 의지를 다잡고, 나쁜 습관을 버리고 새로운 곳으로 과감히 발을 내딛기 위해서는 용기가 필요합니다.

어떤 일이 일어날지 알 수 없기 때문에 두려울 수밖에 없습니다. 결과를 예상할 수 없기 때문에 불안할 수밖에 없습니다. 두려운 마음이 드는 것은, 해보지 않았기 때문입니다. 그러니 혁신에 대한 두려움을 없애는 방법은 그냥 해보는 것밖에 없습니다.

그래도 두렵다고요? 그래도 어렵게 느껴진다고요? 그렇다면 자기 혁신에 시동을 걸 수 있는 다른 방법 하나를 알려드리겠습니다.

두 눈을 감고 심호흡을 천천히 세 번만 하십시오. 그리고 스크린에 펼쳐진 영화처럼 내 모습을 머릿속에서 그려봅니다. 힘차게 앞으로 뻗어가는 야구공처럼 꺾이지 않고 목표를 향해 나아가는 내 모습을 상상해보세요. 나쁜 습관의 모래주머니들을 과감하게 떨쳐내고 달려나가는 내 모습을 마음속에 그려보세요.

그런 다음 혁신을 통해 완전히 바뀐 모습으로 살아가게 될 때의 느낌을 음미해보세요. 흥분된 기분과 커진 자신감, 한 단계 더 성장했을 때의 느낌을 떠올려보세요. 심상으로 변화된 모습을 그릴 수 있다면, 혁신의 가능성은 훨씬 더 높아집니다.

이미 그렇게 바뀐 것처럼 새로운 표정을 짓고, 자세를 고치고, 다르게 말하고 행동하세요. 달라진 모습을 그려내고 그 모습을 지금 이 순간부터 따라 할 수 있다면 이미 당신은 자기혁신을 시작한 것이나 다름없습니다.

🌡️ 삶의 온도를 조절하기 위해 해야 할 일

뛰어난 능력 적어보기

•

매일의 삶 속에서 스스로 잘했다고 평가하는 일, 내가 성장했다고 느끼게 만드는 행동들, 고통스럽지만 그 속에서 발견한 나의 대견함. 무

엇이든 좋습니다. 나 자신을 자랑스럽다고 느낀 순간을 포착해 적어
두세요. 그리고 그것을 매일의 일기로 남겨두세요.

앞으로도 계속하고 싶은 행동, 변함없이 지속하고 싶은 습관, 끝까지
유지하고 싶은 긍정적인 태도를 기록합니다. 공책 하나에 꾸준히 기
록하고 모아둡니다. 그리고 의지가 약해질 때마다, 내 자신이 초라하
다고 느껴질 때마다 공책을 다시 펼쳐봅니다. '아, 내가 이렇게 대단한
사람이구나' 하고 감탄하게 될 겁니다.

분노 관리
계획 세우기

- - - - - - - - - - - -

욱하는 성격 때문에 고민인 30대 남성이 찾아왔습니다. 어릴 때는 주먹다짐으로 큰 사고도 몇 번 쳤는데 그나마 철이 들어 이제 큰 사고는 안 치지만, 일단 성질이 나면 뒷일이나 상대방 감정 따위는 무시하고 화를 내는 스타일이라고 했습니다. 이제 네 살 된 딸아이를 봐서라도 그는 욱하는 성질을 고치고 싶어 했습니다.

분노는 인간의 자연스러운 감정입니다. 몸이 다치면 통증을 느끼는 것처럼, 마음을 다치면 분노를 느끼게 됩니다. 분노는 영혼이 상처받았으며, 타인과 세상에 대해 실망했다는 감정의 신호입니다. 자존심을 지키고 잃어버린 것을 찾아오라는 마음의 명령이기도 합니다.

분노를 억누르거나 부정하면 무력감을 느끼고 자책하게 됩니다. 언젠가는 화산처럼 폭발할 수 있기에 정당한 분노라면 적절한 방식으로 표현하고 살아야 합니다.

처음은 "내 마음이 많이 아프다"로 시작하는 것이 좋습니다. "당신이 나에게 어떻게 그럴 수 있어!"라고 흥분하기보다는 "당신이 그런 식으로 말해서 내 마음이 아프다"로 시작합니다. 그런 다음 "나는 당신이 사과를 해주었으면 좋겠다"라고 분명하게 표현해야 합니다. '그냥 내가 참고 말지'라며 거짓 용서를 하면 분노는 사라지지 않습니다. 상처받은 마음에 응어리가 남기 때문이지요.

그런데 분노 속에 심리적 문제가 녹아 있다면 이야기가 달라집니다. 완벽주의는 분노를 쉽게 불러옵니다. 조그만 흠집도 못 견디는 사람, 자기 자신과 다른 사람에 대해 과도한 기대를 갖고 있는 사람은 실망하고 분노할 일이 많을 수밖에 없습니다.

또 화가 날 때 자신의 심리적·신체적 반응에 주의를 기울여보세요. 어떤 사람은 얼굴이 빨개지고, 어떤 사람은 숨이 가

빠지고, 어떤 사람은 가슴이 답답해지고, 어떤 사람은 목소리가 커집니다. 이런 신체 반응이 나타날 때 '아 내가 화가 났구나. 조절하기 힘들 수도 있겠구나' 하고 알아차리는 것이 중요합니다.

분노 관리 계획을 세워보세요. 분노가 느껴지는 전구 증상을 파악하고, 그 느낌이 드는 순간의 행동을 미리 정해두는 겁니다. 냉수 마시기, 자리 피하기, 복식 호흡, 정 안 되면 5분 있다가 화를 내겠다는 마음으로 분노를 미뤄두는 것도 한 방법입니다. 조절하기 힘든 분노가 일어났을 때 어떻게 대처할지 정해서, 자동적으로 실행될 수 있도록 평소에 연습해두세요.

가장 좋은 대처법은 호흡 조절입니다. 화가 느껴지면 깊은 숨을 쉬면서 공기가 코와 입을 통해서 폐까지 들어가는 과정의 느낌에 집중합니다. 5분만 있다가 실컷 화를 내주자거나 10분 뒤에 고함을 한 번 치겠다는 식으로 화내기를 미루는 것도 좋습니다. 화를 참아야 한다고 생각하면 힘이 들지만 5분 뒤에 화를 내면 된다고 생각하면 마음이 한결 편안해집니다. 막상 5분이 흐르고 나면, 화도 진정되어 있기 마련이고요.

분노가 촉발된 급박한 상황에서 벗어났다면, 감정의 찌꺼기를 해소하기 위한 노력이 필요합니다. 나를 화나게 한 일을 글로 써보세요. 다 쓰고 나면 종이를 천천히 찢습니다. 분노라는 감정이 함께 사라지는 상상을 하면서요. 이를테면 '분노 장례식'을 치르는 것이지요.

마음에 평화를 주는 음악을 들으세요. 영국의 사운드 테라피 학회에서는 분노 조절에 효과적인 음악으로 영국 밴드 말코니 유니언의 〈웨이트러스Weightless〉, 에어스트림의 〈엘렉트라Electra〉 그리고 엔야의 〈워터마크Watermark〉를 추천하고 있습니다. 화가 나고 흥분된 상태에서는 공격적인 비트나 가사가 담긴 음악을 들으면 부정적 감정만 증폭되니 조용한 곳에서 마음을 가라앉히는 음악을 들어보세요. '분노 조절용 플레이 리스트'를 만들어두고 반복해서 듣는 것이 가장 좋겠지요.

그 후 스스로에게 물어보세요. 지금 나에게 가장 중요한 것은 무엇인지, 당장 처리해야 하는 일은 무엇인지를요. 그리고 그 일에 다시 집중하세요. '아직 화가 가라앉지는 않았지만 당장 해결해야 할 일에 집중하겠어'라고 마음을 옮겨보려고 노력하는 겁니다.

자기 위로 주문을 외워보는 것도 좋습니다. 나에게 의미 있는 문구를 찾아 반복해서 읊어보는 겁니다. "나는 잘 헤쳐나갈 수 있어" "그것이 나를 죽일 수는 없어" "나는 쿨해질 거야"

라고요. 상처받고 지쳐 있는 자신을 스스로 위로하는 것, 이것이 진정한 치유니까요.

 삶의 온도를 조절하기 위해 해야 할 일

분노 털어버리기

·

창조적인 방식으로 분노를 해소해보세요. 먼저 조용한 곳을 찾아 몸을 흔들어봅니다. 강아지가 몸에 묻은 물을 털어내듯이 분노를 털어버리는 겁니다. 다 털어내셨나요? 이제 그림을 그려보세요. 잘 못 그려도 되고 어떤 모양이든 상관없습니다. 분노가 마음에서 나와 그림으로 옮겨가는 상상을 해보세요.

SWIMMING

일에서
진정한 행복을
찾고 싶다면

제가 근무하는 병원에서 직원들을 상담하며 가장 자주 들었던 말이 무엇인지 아십니까. 바로 "행복하지 않아요"입니다. 병원 일을 그만두고 싶다고 토로하는 직원에게 그 이유를 물어도 대답은 같았습니다.

"무엇보다 제 자신이 행복하지가 않아서요."

귀를 세우고 그들의 숨겨진 마음을 듣다 보면 단순히 일이 많고, 힘들다는 이유로 행복하지 않다고 말하는 게 아니란 사실을 알게 됩니다. 다양한 이유가 있겠지만, 그 본질은 항상 두 가지로 수렴됩니다.

첫 번째는 통제감의 상실입니다. 업무를 주도적으로 처리하지 못하고 이리저리 끌려다니면서, 자기 결정권이 없다고 느끼는 경우입니다. 한 발 더 나아가 아무리 열심히 해도 언제든 해고당할 수 있다고 느끼면 직무 통제감은 사라지게 됩니다. 이런 상황에서는 아무리 자기 일을 사랑하고 열심히 해도, 업무 만족도는 떨어지고 직장 생활이 불행하다고 느낄 수밖에 없습니다.

두 번째는 자신의 가치를 존중받지 못할 때입니다. 열심히 일을 하고 성과를 내면 인정받을 거라는 믿음은 업무 만족도를 높이는 데 결정적인 영향을 미칩니다. 반대로 자신이 하는 일, 노력해서 일궈낸 성과가 정당하게 인정받지 못한다고 느끼면 업무 만족도가 저하되고 인생까지 불행해진다고 느끼게 됩니다. 인간은 죽을 때까지 끊임없이 인정에 메말라하는 동물이니까요. 사람은 누구나 인정의 투쟁에서 자유로울 수 없습니다.

가끔 사장님들을 만나 대화를 나누다 보면 업무를 줄여주고 월급을 많이 주면 되는 것으로 단순하게 생각하는 모습을 보게 되는데요. 그렇다면 밤을 새워 일하고도 행복감을 느끼는 사람이 있는가 하면, 저녁 6시에 칼같이 퇴근을 해도 행복하지 않다고 느끼는 사람이 있는 것은 어떻게 설명할 수 있을까요.

일의 많고 적음이나 월급의 문제가 아니라 내가 하고 있는 일이 의미 있다고 느낄 때, 그래서 그 일을 통해 다른 사람과 세상에 기여하고 있다고 느낄 때, 그 과정에서 자신도 성장한다고 느낄 때, 우리는 행복해집니다.

직장 생활이란 개인이 마음속에 품고 있는 가치와 회사라는 조직의 사명이 일치하는 지점을 찾고, 그것을 실현해나가는 과정이라 정의할 수 있습니다. 개인의 가치와 조직의 사명이 조화를 이룰 때 '개인-조직 적합성person-organization fit'이 높다고 하는데요. 개인-조직 적합성이 높으면 업무 몰입도와 만족도가 높아지고 회사의 성과 또한 향상된다는 사실은 여러 연구를 통해 확인된 사실입니다.

그러니 진정한 리더라면 개인의 가치와 조직의 사명을 연결해주는 다리가 되어야 합니다. 일방적으로 조직의 가치를 개인에게 심어 넣으려는 주사기가 되어서는 안 됩니다.

훌륭한 리더인가 아닌가는 궁극적으로 부하 직원이 일을 하면서 행복하다고 느끼느냐 아니냐에 의해 결정됩니다. 부하 직원의 행복에 초점을 맞추면 리더십은 자연히 구현됩니다. '리더가 나를 믿고 일을 맡겨주는구나, 나를 인정해주는구나'라고 느끼면, 부하 직원은 억지로 이끌지 않아도 자연스럽게 리더를 따르게 됩니다. 리더가 좋아서 그의 곁을 떠나지 않고 맴돌게 됩니다. 리더의 언행과 그의 마음속 의도까지 모델링 하게 됩니다.

그러니 만약 당신이 조직의 리더라면 부하 직원을 어떻게 관리하고 이끌어갈지를 고민하는 대신, 부하 직원을 행복하게 하려면 내가 어떻게 해야 할지 고민하세요. 진정으로 훌륭한 리더가 되고 싶다면요.

 삶의 온도를 조절하기 위해 해야 할 일

훌륭한 리더가 갖추어야 할 칭찬법

1. 칭찬을 할 때는 가장 쉽게 발견되는 면을 칭찬합니다.
   "네가 일하는 거 보면 빈틈이 없더라. 늘 기록하면서 점검하던데."
2. 앞에서 칭찬한 것과 반대되는 면을 거론합니다.
   "꼼꼼한 사람은 깐깐하기 쉬운데, 너는 사람들을 대할 때 너그러워서 동료들이 편하게 여기더라. 너처럼 두 가지 다 갖기가 쉽지 않은데."
3. 새로운 차원에서 종합적인 매력을 칭찬합니다.
   "내가 느끼는 너의 진짜 매력은 매사에 책임감이 강한 거야. 회사 일도 그렇지만, 가족과 통화할 때는 집에서도 자식 노릇과 부모 노릇

잘하려고 애쓰는 모습이 참 보기 좋더라고."

4. 근거를 제시하며 구체적으로 칭찬합니다.

"지난번에 네가 올린 기획안 때문에 우리 팀 매출이 많이 올랐어. 너처럼 아이디어가 좋은 친구는 정말 드물지."

5. 본인도 몰랐던 장점을 찾아내어 칭찬합니다. 상대는 당신의 탁월한 식견에 감동하게 되지요.

"네가 알고 있는지 모르겠지만 넌 발표할 때 태도가 정말 좋아. 그런 말 많이 들었지?"

6. 공개적으로 칭찬합니다. 둘만 있을 때보다 여러 사람 앞에서 칭찬하면 효과가 훨씬 큽니다.

"사장님. 그거 아세요? 미나 씨가 지난번에 자기 시간을 빼서 도와준 덕분에 팀 사람들이 프로젝트를 수월하게 마칠 수 있었어요."

7. 차별화된 칭찬을 합니다. 남다른 내용을 남다른 방식으로 칭찬하면 당신은 특별한 사람으로 기억될 것입니다.

"왜 그런지 모르겠지만 미나 씨가 이야기를 하면 귀를 기울이게 돼. 아마도 미나 씨 목소리가 사람의 마음을 감동시키는 목소리라 그런가 봐."

8. 결론은 늘 칭찬으로 마무리합니다. 부정적인 말을 했다면 반드시 칭찬이나 격려의 말로 마무리를 짓습니다.

"앞으로 이런 점은 고쳤으면 좋겠어. 대신 넌 남들에게 없는 뛰어난 친화력이 있으니 그걸 더 잘 살리는 방향으로 해보자."

기분이 좋아질 만한
일을 꾸준히
반복해보세요

가을은 남자의 계절이라고들 합니다. '가을을 탄다'는 말도 있고요. 가을뿐만 아니라 날씨가 추워지고 해가 짧아지는 겨울이 올 때마다 우울해진다는 사람도 있습니다. 날씨가 좋아지는 봄에 더 우울해지는 사람도 흔하고요.

2008년 독일 훔볼트 대학에서 연구한 결과를 보면, 우리가 날씨에 영향을 받는 것은 사실인 것 같습니다.

기온, 바람의 세기, 햇빛이 비치는 시간, 기압, 낮의 길이 등이 기분 변화나 피곤함을 느끼는 정도와 얼마나 관련이 있는지 조사한 결과, 일광 시간이 짧아지고 기압이 떨어지면 사람들은 더 피곤함을 느끼는 것으로 나타났습니다. 하지만 사람들 간의 편차가 매우 크고, 기분 변화와는 관련이 없는 것으로 나타났습니다.

그러니까 날씨나 계절에 따라서 기분이 변하는 게 아니라 피곤함을 더 많이 느끼는 것이지요. 하지만 이건 일반인을 대상으로 한 연구 결과이고, 계절에 따라서 실제로 우울해지거나 짜증스러워지는 계절성 정동장애는 또 다른 문제입니다.

계절성 정동장애는 가을과 겨울에 주로 나타납니다. 이 시기가 되면 우울하고, 무기력해지고, 잠이 많아지고, 탄수화물 섭취가 늘어납니다. 의욕도 없어지고, 만사가 귀찮아집니다. 짜증스럽고 예민해지면서 가족 간에 불화가 생기기도 합니다.

이런 양상이 적어도 지난 2년간 특정 계절에 나타났고, 계절이 끝나는 동시에 증상도 사라졌다면 계절성 정동장애를 의심해봐야 합니다. 계절성 정동장애는 흔한 질환입니다. 미국에서 조사한 바로는 인구의 20퍼센트가 이에 해당한다고 합니다. 일반적으로는 성인의 10퍼센트 정도가 계절성 정동장애 환자입니다.

가을은 남자의 계절이라고 하니, 그렇다면 남성이 여성에 비해서 계절성 정동장애도 더 많이 걸리는 걸까요? 아니요. 사실은 여성이 훨씬 더 많이 걸립니다. 80퍼센트가 여성이에요. 특히 20대에서 30대 여성에게 계절성 정동장애가 많습니다.

햇빛을 쐬는 시간이 줄어들면 세로토닌이라는 신경전달물질과 멜라토닌이라는 호르몬 수치가 낮아집니다. 세로토닌이 저하되면 우울하고 예민해집니다. 낮에 햇빛을 충분히 보지 못하면 밤에 멜라토닌 분비가 잘 안 돼 수면의 질이 떨어지고 생리 리듬이 불규칙해집니다. 이런 것이 계절성 정동장애의 원인이라고 알려져 있어요.

그런데 왜 가을은 남자의 계절이라고 알려져 있을까요? 가을이 되면 부쩍 피곤함을 느끼고, 음식 조절도 힘들고, 잠도 늘어나는 것은 주로 젊은 여성인데 말이죠. 마치 남자가 가을의 중심이라도 되는 양 말하는 걸 보면 남자들이 너무 이기적인 건 아닌가 하는 생각도 듭니다.

사람은 누구나 특정 계절과 연관된 기억이나 생각이 있게 마련입니다. 가을이 되면, 가을을 즐기기보다는 다가올 겨울을 먼저 생각하게 됩니다. 가을이 되면 어느덧 한 해가 다 갔다고 느끼기 시작하지요. 가을을 한 해가 끝났다는 신호로 받아들이면 지난 한 해를 자연스럽게 돌아보고, 내가 한 일들과 앞으로 할 수 있는 일들을 떠올려보게 되지요. 이런 생각에 잠기면 감성적이 되고, 멜랑콜리한 느낌이 들곤 합니다.

'나는 올 한 해도 잘 살았다'가 아니라 '올해도 이룬 것 하나 없이 또 이렇게 흘러갔구나' 하는 부정적인 생각이 들기 쉽지요. 그러다 보면 우울해지는 것이 사실입니다. 성취 지향적인 사람, 뭔가 거창한 것을 이루어야 한다는 믿음이 강한 사람이라면 올 한 해가 얼마 남지 않았다는 신호에 더 의기소침해질 수밖에 없습니다.

가을만 되면 우울해진다, 그렇다면 어떻게 해야 할까요? 계절성 정동장애가 의심되면 진료를 받으세요. 항우울제를 복용하면 효과가 좋습니다. 약이 싫다면 광 치료를 받는 것도 좋습니다. 2,500룩스 혹은 1만 룩스의 강력한 빛을 일정 시간 쬐면 효과가 있습니다. 오래 전에 헬싱키에 다녀왔는데요. 이어폰으로 빛을 귀에 쏘아주는 기계도 있더군요.

계절성 정동장애는 아니고 누구나 겪을 수 있는 기분이나 의욕 변화라면, 건강한 생활 방식 유지가 최선입니다. 낮에 햇빛을 보면서 걸어보세요. 되도록 빠르게 걷고 운동량을 늘려주면 세로토닌 분비가 증가해 기분이 좋아지고 의욕이 살아납니다. 특히 비타민 D나 오메가3를 보충해주는 것도 도움이 됩니다.

무엇보다 기분이 좋아질 만한 일을 꾸준히 하는 것이 중요해요. 운동이나 취미 생활을 약이라 생각하고 하기 싫어도 꾸준히 지속해야 합니다.

🌡 삶의 온도를 조절하기 위해 해야 할 일

감정 인식 연습

●

1. 감정은 프로그램된 반응임을 알기

감정은 프로그램된 반응입니다. 감정은 진화에 의해 형성된 것이지요. 감정은 우리가 처한 환경을 탐색하도록 도와주고, 적응을 잘하도록 도와줍니다. 공포와 같은 감정을 느낄 수 있는 조상은 진화에 성공했을 겁니다. 더 조심했을 테니까요.

2. 기본 감정 알기

모든 인간은 기본 감정을 갖고 있습니다. 마치 눈, 코, 입을 갖고 있는 것처럼요. 인간의 기본 감정은 분노, 혐오, 공포, 행복, 슬픔, 놀람입니다. 이러한 기본 감정이 확대되면 시기, 자부심, 수치심, 사랑, 불안이 됩니다. 이런 기본 감정은 인간이라면 문화와 환경에 상관없이 누구나 갖고 있습니다.

3. 감정의 역할 이해하기

감정은 생존에 결정적인 기여를 합니다. 감정은 생존할 수 있는 능력이며 최선의 결정을 하는 능력입니다.

상상해보세요. 당신이 아침에 일어났는데 아무 감정도 느끼지 못한다면 어떻게 될까요? 불안이나 수치심 같은 감정이 없다면 어떻게 행동하게 될까요? 또한 감정의 안내에 따라 주변 사람들을 돌보지 않는다면 당신은 친구를 모두 잃게 될 겁니다. 긍정적인 감정이든 부정적인 감정이든 감정은 살아가는 데 반드시 필요한 것입니다.

4. 감정이 의사 결정에 미치는 영향 인식하기

감정은 결정을 내리는 데 필수적입니다. 감정은 정보의 가치를 결정하고, 우리의 의사 결정을 특정한 방향으로 움직이게 도와줍니다. 감정을 담당하는 뇌 영역에 손상이 있는 사람은, 의사 결정 능력에도 손상이 옵니다. 또한 감정은 도덕에도 중요합니다.

5. 감정이 고장 날 수 있음을 알기

눈이나 콩팥에 장애가 생기는 것처럼 감정에도 장애가 일어납니다. 몸에 이상이 오면 병원을 찾아가듯이 우울증, 불안증 등 감정에 장애가 생겼다고 느껴지면, 정신 건강 전문가를 찾아가야 합니다.

6. 감정 기록하기

감정이 일어나는 느낌이 들면, 기록해두는 것이 좋습니다. 무엇이 그 감정을 유발하는지 알 수 있게 되니까요.

기다리는 동안 내가 분노를 느꼈다는 것을 알면, 내가 기다리는 것을 싫어한다는 사실을 깨닫게 됩니다. 그 정보는 감정을 조절하는 데 활용할 수 있습니다.

무엇이 분노를 유발하는지 알면 그 상황을 피할 수 있게 됩니다. 피할 수 없다면 적어도 조심하게 됩니다. 줄 서는 것이 분노를 쉽게 유발한다면, 마트에 갈 때 물건을 조금만 사서 익스프레스 라인을 이용하거나 인터넷 주문을 하는 겁니다.

걱정과 새로운
관계 맺기

세상에서 가장 하기 힘든 일은 무엇일까요? 전 생각을 바꾸는 일이라고 생각합니다. 특히 걱정을 긍정적 생각으로 바꾸는 일은 (과장이 아니라) 거의 불가능합니다. 우리는 사람들에게 쉽게 말합니다.

"걱정 좀 그만해. 비관적인 생각 좀 하지 마."

하지만 이게 말처럼 쉽게 되던가요. 걱정이 많은 사람에게 조언이랍시고 이런 말을 하면 상대방은 '누군들 몰라서 그렇게 안 하냐' 하고 억한 마음만 더 생깁니다. 심하면 '나는 왜 이 모양일까' 자책하게 되고요.

어느 날 병원에 걱정이 많아 고민이라며 어떤 중년 여성이 찾아왔습니다. 다른 사람들의 표정이 밝지 않으면 내가 뭘 잘못했나 싶고, 자녀들과 통화가 안 되면 사고라도 났나 싶어 안절부절못한다고 했습니다. 그러지 말아야지 하면서도 사소한 일에 걱정하고 불안해하는 자신이 한심하게 여겨진다고요.

그런데 사실 인간은 걱정하는 존재입니다. 우리 뇌는 미래에 있을지도 모를 위험에 대비하도록 최적화되어 있습니다. 걱정을 완전히 없애겠다는 것은, 뇌의 작동을 멈추겠다는 것과 다를 바 없습니다. 그러니 걱정을 몰아내기 위한 싸움의 결과는 언제나 패배일 수밖에 없습니다.

인간인 이상 우리는 걱정하는 존재일 수밖에 없다는 사실을 인정해야 합니다. 걱정을 받아들이는 것, 이것이 걱정에서 벗어나는 첫 번째 단계입니다.

역설적인 접근paradoxical approach을 시도해보는 것도 좋습니다. '걱정하지 않겠다'가 아니라 '걱정에 더 집중해보겠다'라고 마음먹는 것이지요. 이렇게 하면 오히려 걱정이 줄어듭니다. "지금 걱정하고 있는 것에 더 집중해 깊이 고민해보세요. 실컷 더 걱정하세요"라고 하면, 처음에는 덜컥 겁을 내지만 나중에는 그런 부질없는 생각을 더 하는 게 무슨 소용이 있겠냐며 스스로 힘을 빼게 됩니다.

걱정은 회피하는 것보다 직면했을 때 그 강도가 줄어들게 마련입니다. 지루하게 느낄 때까지 공포영화를 반복해서 보는 것과 비슷합니다. 공포 영화가 더 이상 자신을 놀라게 할 수 없을 때까지 말이지요.

또 다른 역설적 접근법은 하루에 10분 정도 걱정하는 시간worry time을 따로 정해두는 것입니다. 저녁 시간에 조용한 서재에서(침실은 피하는 것이 좋습니다) 10분 동안 집중적으로 걱정을 해보세요. 나머지 시간에는 걱정을 미뤄둡니다. 낮에 걱정이 떠올라도 파고들지 말고 걱정을 모아둔다는 마음으로 내버려두는 겁니다.

그런데 막상 걱정 시간이 되면 10분을 못 채웁니다. 계속 걱정해봐야 달라질 것도 없고 괴롭기만 하다는 사실을 깨닫는 것이지요.

또 다른 방법은 자신을 걱정에 더 적극적으로 노출시키는 겁니다. 걱정을 글로 적고 읽어보세요. 속으로만 읊조리지 말고, 소리 내서 읽어야 합니다. 적어도 20회는 반복해야 합니다. 처음에는 불안이 커지는 것 같겠지만, 걱정을 소리 내서 말하다 보면 괴로움이 점점 줄어드는 것을 느끼게 됩니다. 몇 차례

반복하다 보면 '그게 뭐 대수라고. 미리 불안해할 필요는 없어'
라는 생각에까지 이릅니다.

걱정을 무조건 없애려고 하기보다 걱정과 새로운 관계를
맺어보겠다는 마음을 가져보세요. 두려워하거나 불쾌하게 여
기지 않고 걱정과 친해지겠다고 마음먹으세요. 이쯤 되면 걱정
은 걱정일 뿐 사실이 아니며, 그런 일이 실제로 일어나더라도
나는 잘 살아갈 수 있다는 자신감도 따라오게 됩니다.

이렇게 다양한 방식을 시도해봤는데도 걱정에서 벗어날
수 없다면, 스스로 해결해야 할 문제를 회피하고 있을 가능성
이 큽니다. 직접 해결해야 할 일을 미뤄두고 있기 때문에 걱정
에서 못 벗어나는 것이지요. 실천은 하지 않고 고민만 하면서
문제를 해결하고 있는 것 같은 착각에 빠져 있는 겁니다.

여행을 갈 때도 어떤 일이 생길지 걱정할 게 아니라 탄탄
하게 계획을 세우는 일이 먼저고, 시험 결과를 걱정할 게 아니
라 공부를 열심히 해야 하며, 다툰 친구와 결별하게 될까 봐 걱
정하고 있을 게 아니라 화해의 손길을 내밀어야 합니다. 그런
데도 그렇게 하지 않고 생각만 하고 있는 거지요. 그러니 걱정
이 떠나갈 리 있겠습니까.

삶의 온도를 조절하기 위해 해야 할 일

1분만 버텨보기

●

우리 몸의 다양한 근육을 위에서 아래로 내리고 또는 아래에서 위로 올린다고 생각하고 긴장과 이완을 두 번씩 반복해보세요. 몸에 힘을 꽉 주었다가 힘을 풀고 다시 힘을 주었다가 푸는 겁니다. 이렇게 긴장과 이완을 반복하면 교감신경 반응을 감퇴시키고 부교감 신경 기능은 증가시켜 스트레스 차단 효과가 있습니다

일하는 도중이라도 긴장된 근육이 느껴지면 바로 이완할 수 있게 온몸에 힘을 꽉 주고 1분만 버텨봅니다. 걱정으로 괴로울 때, 혹은 걱정거리가 없는데도 마음이 불안하고 기분이 나빠질 때, 이 방법이 큰 도움이 됩니다.

스트레스를
견디는 힘

스트레스성 피로와 근육통 때문에 클리닉을 방문한 50대 중반의 대기업 임원 재용 씨에게 물었습니다.

"제일 스트레스 받는 게 무엇인가요?"

그는 이렇게 답하더군요.

"아내가 바가지만 안 긁어도 스트레스 받을 일 없습니다."

사실 재용 씨는 지난 1년 동안 업무 스트레스가 극에 달해 있었습니다. 책임을 맡고 있는 부서의 수출 실적이 부진해서 언제 회사에서 잘릴지 모른다는 압박감을 느껴왔습니다. 그러다 보니 매일 야근을 하거나 별일이 없어도 회사에서 자리를 지켰습니다. 제시간에 퇴근할 수 있어도 회사에 남아 있거나 동료, 부하 직원들과의 단합을 위해 회식을 하느라 매일 늦은 밤에 귀가했습니다.

이제는 재용 씨가 퇴근을 해도 아내는 아는 체도 하지 않고 술이라도 마시고 들어오면 화를 냅니다.

"매일 늦게 오더니 이제는 술까지 먹고 들어와? 술 마실 시간에 애들한테 신경이나 좀 써!"

재용 씨가 하소연하듯 말했습니다.

"회사 일도 힘들어 죽겠는데 집에서는 계속 바가지를 긁고, 아내 때문에 정말 죽을 맛입니다."

과연 그의 말처럼 아내의 잔소리가 스트레스를 키운 것일까요?

재용 씨의 마음 이면을 들여다보니 다른 문제가 있었습니다. 그는 어린 시절 어머니를 일찍 여읜 탓에 항상 다른 사람의 관심과 애정에 목말라 있었습니다. 스스로는 의식하지 못했지만 어머니로부터 받지 못한 사랑을 아내에게 받고자 하는 욕구가 컸습니다.

그러다 보니 아내가 아무리 노력해도 재용 씨는 늘 불만이었습니다. 자신에 대한 아내의 애정과 노력이 부족하다고 느졌고, 말하지 않아도 뭐가 힘든지 척척 알아서 배려해주지 않는 아내가 야속했습니다.

업무 스트레스가 원인이라고 여길 수도 있을 텐데요. 하지만 요즘 같은 불경기에 당장 직장을 그만둘 수는 없습니다. 이직을 한다고 해도 편한 직장 생활을 보장하는 곳이 어디 있겠습니까? 업무 스트레스는 아무리 힘들어도 견뎌내야 하는 것이고, 회피하거나 다른 곳으로 도망갈 수도 없는 것이 현실입니다.

우리는 죽기 전까지 단 한순간도 스트레스로부터 자유로울 수 없습니다. 스트레스는 절대로 해결될 수 없기 때문에 우리가 스트레스라고 느끼는 것입니다. 쉽게 해결되는 것이라면 스트레스라고 느끼지도 않습니다.

스트레스란 해결하는 것이 아니라 견디는 것입니다. 살아 있는 한 스트레스는 없앨 수 없다는 점을 받아들이고 '견디는 힘'을 길러야 합니다. 스트레스 면역력을 키우는 것만이 나약한 우리 인간이 할 수 있는 최선의 방법입니다.

스트레스를 받는다고 술로 뇌를 마취시키려고 하거나 아내의 잔소리가 스트레스라며 자기 문제를 엉뚱한 곳에 투사하면 문제는 더 꼬입니다.

스트레스를 견디는 힘을 기르는 가장 좋은 방법은 운동입니다. 의욕도 없고 회피하고 싶은 마음뿐이라도 그럴수록 운동으로 신체를 활성화시켜야 합니다.

저는 오전, 특히 아침 시간에 집중력이 떨어지고 늘 몸이 개운하지 않았습니다. 그런데 아침마다 25분 동안 뛰고 5분간 근력 운동을 하기 시작한 뒤로부터는 오전 시간뿐만 아니라 온종일 활력이 유지되더군요.

물론 시작은 무척 어려웠습니다. 하지만 두 달쯤 지나고 나서부터는 아침 운동을 거르면 운동하고 싶다는 생각이 들 정도가 되었습니다. 피곤하다거나 짜증나고 예민해졌다고 느낀다면 열심히 뛰기만 해도 훨씬 좋아집니다.

뛰는 것이 힘들다면 '내면에 집중하며 걷기Mindfullness walking'를 추천합니다. 하루에 30분 정도 시간을 내서 산보를 하십시오. 살을 빼고 몸을 튼튼하게 만들기 위해 걷는 것이 아니라 혼란한 마음을 정돈하고, 이완하기 위해서 걷는 겁니다.

그냥 걷는 것은 아닙니다. 걸으면서 나의 신체 감각과 주변의 빛과 소리, 냄새에 집중해보세요. 발을 내디딜 때의 발바닥 감촉에 집중해보세요. 걸을 때 손바닥을 스쳐가는 바람에 집중해보세요. 하늘의 색깔에, 떠다니는 구름의 모양에 집중해보세요. 땀방울이 어디서 흐르는지, 코와 폐로 들어가는 공기의 흐름에도 집중하면서 걸어보십시오.

이렇게 몸의 감각과 주변 환경 하나하나에 주의를 기울여 집중하면서 걷다 보면, 마음을 혼란스럽게 하는 생각이나 불필요한 걱정을 잠시나마 떨쳐버릴 수 있습니다. 꾸준히 하다 보면 심신의 안정을 유지하는 데 큰 도움이 됩니다.

눈 먼 황소가 자기 앞을 지나가는 사람이 채식주의자라고 해서 피해 가지 않는 것처럼, 스트레스는 우리를 그냥 덮쳐버립니다. 대부분의 스트레스는 특별한 이유 없이 생깁니다. 그러니 왜 스트레스를 받았는지 고민하면 열만 더 받습니다. 해결할 수 없는 스트레스의 원인을 찾으려 하기보다 내 인생의 가치와 의미는 무엇인지 고민하세요.

스트레스란 지금 내가 살아가는 모습이 삶의 가치에서 벗어나 있다는 신호이니까요.

운동으로 스트레스 이기기

•

운동을 하면 내 스스로 몸과 건강을 조절하고 있다고 느끼게 됩니다. 무언가를 점점 더 빨리, 더 멀리, 더 강하게 해내는 자신을 보며 내가 가치 있다고 느끼게 되는 것이지요. 근심과 염려가 밀려나고 그 자리를 긍정적인 기분이 채우는 걸 느끼게 됩니다. 다른 사람과 함께 운동하면 사회적 접촉의 기회도 늘어나 고립감에서도 벗어날 수 있습니다.

의학전문지 〈내과학기록Archives of Internal Medicine〉에 실린 한 연구를 볼까요. 우울증으로 고통받고 있는 50세 이상의 남녀를 모집해 무작위로 세 집단을 나누었습니다. 그러고는 첫 번째 집단은 유산소 운동을 시키고, 두 번째 집단은 졸로프트(항우울제)를 복용하게 하고, 세 번째 집단은 이 두 가지를 병행하게 했는데요.

4개월 후 세 집단 모두 우울증이 완화되고 자존감이 향상되었습니다. 그런데 더욱 놀라운 건 6개월 후 다시 조사했을 때, 운동 집단에 속했던 환자들이 투약 집단 환자들보다 재발 가능성이 낮았다는 사실입니다. 운동의 효과는 이토록 놀랍습니다.

상담을 하다 보면 정신건강에 좋은 운동이 따로 있느냐는 질문을 자주 받는데요. 특정 운동이 더 효과가 있다고 알려져 있진 않습니다. 다만 여러 연구를 통해 운동을 하면 근력이 강화되는 만큼 우울 증상이 감소된다는 보고가 있고요. 유산소 운동과 근력 운동을 같이하는 혼합형 운동이 유산소 운동 단독보다 더 효과적이라고 합니다. 요가나 기공처럼 명상 운동도 우울증에 효과적인 것으로 알려져 있고요. 오늘부터 운동을 하기로 결심했다면, 최대한 즐기면서 할 수 있는 운동 방법을 선택해보세요.

예를 들어 운동장이나 밖에서 운동하는 것이 편하지 않다면 집에서 해도 괜찮습니다. 더 큰 동기나 함께할 친구가 필요하다면 주변 사람들과 함께 운동해도 좋고요. 다양한 방법으로 운동을 즐기다 보면 스트레스를 이겨낸 자신을 발견하게 될 겁니다.

5장

원하는 곳을 향해
뚜벅뚜벅 걸어가보세요

●

인생의 온도 유지하기

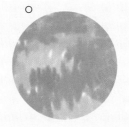

비밀이
많은 사람은
행복합니다

- - - - - - - - - -

MBC 드라마 〈킬미, 힐미〉 덕분에 다중 인격 장애에 대해 많이 알려졌는데요. 이 드라마 주인공처럼 다중 인격 장애라는 정신 질환을 앓고 있지 않더라도, 우리는 누구나 모순적이고 이질적인 여러 인격 요소들을 갖고 있습니다.

머리부터 발끝까지 한결같기를 바라는 사람도 있겠지만, 그런 사람은 세상에 없습니다. 오히려 자기 개념Self Concept이 다양하고 이질적일수록 (심지어 모순적일수록) 정신적으로 더 건강한 사람입니다.

자기 개념이란 나라는 사람에 대한 스스로의 인식과 평가입니다. '나는 누구인가?' '나는 어떤 일을 잘하는가?' '가족과 사회에서 맡은 역할은 무엇인가?' 같은 질문에 대한 답이 자기 개념이라고 할 수 있습니다.

'나는 정의로운 사람이며 따뜻하고 친절하다' '나는 능력 있는 영업사원이다' '나는 좋은 아빠다'처럼 내 특성을 어떻게 규정하고, 역할과 능력을 어떻게 인식하고 있으며, 그것에 대해 긍정적 혹은 부정적으로 평가하는지에 따라서 각 사람마다 다른 자기 개념이 형성됩니다.

이런 자기 개념이 다양하고 복잡한 정도를 나타내는 것이 '자기 복합성Self-Complexity'인데요. 자기 개념을 구성하는 요소가 많고, 각각의 자기 개념 간에 경계가 분명해서 서로 영향을 적게 미칠수록 '자기 복합성이 높다'고 합니다. 여러 연구를 통해서 자기 복잡성이 큰 사람일수록 스트레스를 덜 받고 회복 탄력성이 높으며 우울증에도 잘 걸리지 않는다는 점이 확인되었습니다.

예를 들어 교수 직함을 가진 한 남자가 집에서도 교수 역할 놀이에만 빠져 있다면 어떨까요? 자녀와 아내를 가르치려고만 하고 다른 취미 생활도 없이 휴일에도 연구실에만 박혀 있다면, 자기 복합성이 낮은 겁니다.

반면 '나는 좋은 엄마다'라는 자기 개념에만 의존하지 않고 '나는 다른 사람들을 즐겁게 만드는 재주가 있고, 피아노를 칠 줄 알고, 성당 구역 모임에 적극적으로 참여하고, 남편보다 산을 더 잘 탄다'라고 자신에 대해 다양한 그림을 그릴 수 있는 중년 여성이 있습니다, 누가 더 건강한 사람일까요?

저 역시 병원에서 여러 가지 문제로 고민과 스트레스가 많습니다. 그래도 그럭저럭 버텨낼 수 있는 까닭은 '정신과 의사'라는 정체성에만 저를 묶어두지 않으려고 애쓰기 때문입니다.

퇴근 후 일렉트릭 기타 연주를 할 때는 락 스피릿이 충만한 너바나 멤버가 되기도 하고, 주말에 스쿼시 시합을 할 때는 그레고리 고티에(세계 1, 2위를 다투는 프랑스 선수)가 되어 미친 듯이 코트를 뛰어다닙니다. 친구들을 만나면 다른 사람 이야기를 들어주는 정신과 의사가 아니라 여성 호르몬이 충만한 아줌마가 되어 열심히 수다를 떱니다(뒷담화도 하고요).

권태로운 삶에도 다중 인격적 생활은 도움이 됩니다. 얼마 전 인생에 낙이 없다며 한숨짓던 어느 여성의 이야기를 들었는데요. 직장 생활도 10년이 다 되어가고 결혼하고 아이도 낳아 어느 정도 키우고 나니 삶이 지루하다고 했습니다. 집도 회사도 안정적인 만큼 모든 것이 반복적이고 익숙해져서 지겹고,

어울리는 사람들도 빤해서 감흥이 없다고요.

　책에서건 방송에서건 가슴 뛰는 일을 찾으라고 하는데, 팀을 바꾸거나 회사를 옮겨야 할지 새로운 취미를 찾아야 할지 고민 중인데, 그렇다고 회사를 옮기기엔 두렵고 새로운 취미를 갖기에는 귀찮음이 앞선다고요.

　솔직히 한 직장에서 10년을 일했으면 지겨울 만합니다. 그 정도 일을 했다면 권태기가 찾아올 수밖에 없지요. 일밖에 모르고 살아왔다면 더 그럴 테고요. 하지만 지금이라도 늦지 않았습니다. 충분히 자기 복잡성을 키울 수 있습니다. 나라는 사람을 더 다층적이고 복잡하게 만들어야 합니다.

　"저 친구 무슨 좋은 일이 있어서 저렇게 싱글벙글이지?" 하는 말을 들을 수 있도록 자기만의 비밀들을 만들어가야 합니다. 낮에는 성실한 회사 직원이었다가 퇴근 후에는 '화끈하게 놀 줄 아는 여자'가 되는 식으로요.

　물론 처음에는 어색합니다. 삶에 낙이 없다고 느낄 정도면 의욕도 나지 않을 테고요. 활력을 잃어버린 사람들은 이렇게 말합니다.

　"하고 싶은 마음이 들어야 하지요."

　하지만 하고 싶은 마음이라는 것도 일부러라도 몸을 움직인 뒤에 따라오는 것이지, 아무 활동도 하지 않는 상태에서 저절로 생기지는 않습니다. 일단 뭐든지 저지르고 보세요. 부딪히고 경험하다 보면, 지금까지 숨어 있던 또 다른 내 모습이 하나둘씩 드러나면서 활력도 되찾게 됩니다.

삶의 온도를 조절하기 위해 해야 할 일

잠시 눈 감기

눈을 감고, 눈이라는 선물을 받지 못한 채 태어났다고 상상해보세요. 그리고 천천히 눈을 뜨세요. 온몸의 감각으로 세상을 느껴보세요. 시각, 촉각, 미각, 청각, 후각, 오감을 활짝 열고 이 세상의 아름다움을 강렬하게 느끼세요.

그런 다음 나에게 그런 감각들이 없다고 상상해보세요. 그러면 감각이 있다는 사실이 얼마나 감사한 일인지 깨닫게 될 겁니다.

조금 전 상상해본 한순간의 어둠이 사라지더라도 이 감사의 마음을 늘 간직하세요.

자신을
벤틀리 자동차라고
생각해보세요
- - - - - - - - - - - - -

▲ ▲
▲

외국의 한 조사 결과를 보니, 직장인들은 보통 일주일에 4시간을 상사 욕하는 데 쓴다고 하더군요. 그런데 '뒷이야기'를 하면 일시적으로는 감정이 해소되어도, 그것에 집중하면 불쾌한 감정이 더 쌓입니다. 기분 나쁜 사람에 대해 집중할수록 내 마음도 그것에 오염됩니다. 그러다 보면 일에 대한 열정도 어느새 식어버리지요.

어느 젊은 남성이 직장 선배 때문에 일할 맛이 나지 않는다고 상담을 청해왔습니다. 같이 들어볼까요?

무능력하고 불성실한 직장 선배의 모습에 일할 맛이 나질 않습니다. 선배라면 후배들이 보고 배울 수 있도록 모범이 되어야 할 텐데 업무 능력도 부족하고 근무 태도도 좋지 않습니다. 지각을 밥 먹듯이 하고 근무 시간 내내 인터넷만 하고 있습니다.

그런 선배가 저보다 두 배 이상의 월급을 받습니다. 저는 바쁘게 일하는데 옆에서 놀고 있는 선배를 보면 억울하다는 생각이 듭니다. 나보다 일을 더 잘하는 것도, 성실한 것도 아니지만 돈은 더 많이 받는 선배. 직접적으로 저를 괴롭히는 것은 아니지만 보고 있으면 일할 의욕이 사라집니다.

어떻습니까? 일할 맛이 안 날 만한가요? 그런데 회사라는 조직은 유능한가 무능한가 또는 성실한가 불성실한가 하는 추상적 잣대로 사람을 평가하지 않습니다. 실적으로 판단하지요. 사실 성실함은 특별한 능력도 아니고요. 이름이 널리 알려진 회사에 다니고 있다면 성실성과 능력은 이미 검증받은 것이나 마찬가지입니다.

회사가 직원에게 내리는 보상(월급이나 승진과 같은)은 그 사람이 어떤 일을 해냈느냐, 어떤 목표를 달성했느냐에 따라 결정될 뿐입니다. 후배가 보기에 선배가 지각도 하고 설렁설

렁 일하면서 근무 시간에 인터넷만 뒤적이는 것 같아도, 선배의 업무 성과가 좋았다면 회사는 그 점을 더 중요하게 여기게 마련입니다.

무릇 선배란 어떠해야 한다는 고정관념을 갖지 마십시오. 선배라면 후배에게 본보기가 되어야 하고, 선배라면 후배보다 더 일을 잘해야 하고, 선배라면 후배보다 성실해야 하고……. 절대적인 기준을 마음속에 품기 시작하면 화나고 스트레스를 받을 일만 많아집니다.

교과서적으로야 선배라면 후배들에게 모범이 될 태도를 보이는 것이 맞지요. 하지만 우리가 꿈꾸는 이상적인 선배는 현실에 존재하지 않습니다. 인성 좋고, 능력도 좋은 데다 틈만 나면 한턱 쏘고, 후배가 의기소침해 있으면 귀신같이 알고 찾아와서 어깨를 토닥여주며 힘내라고 말해주는 선배는 (영화에는 나올지 몰라도) 현실에는 없습니다. 인성은 학교에서나 중요한 평가 항목이지 회사에서는 그다지 중요한 덕목이 아닙니다.

당신의 마음을 벤틀리 자동차라고 생각해보십시오. 디자인도 훌륭하고 성능도 뛰어난데 그 마음을 선배 욕하는 데만 쓴다면, 벤틀리 자동차를 동네 슈퍼마켓에 장 보러 갈 때만 타는 꼴밖에 안 됩니다. 시원하게 뚫린 고속도로를 거침없이 달려도 시원찮을 판에 벤틀리 타고 동네 골목길만 누빈다면 엔진에는 탄소만 쌓이고 성능은 더 빨리 떨어집니다.

무능하고 불성실한 선배가 눈에 거슬려서 도저히 일할 맛이 나지 않는다면 '아, 당신을 누가 이리도 불성실하게 키우셨나요?'라고 마음으로 측은하게 여기고 그냥 내버려두십시오(절대 입 밖으로 이런 생각을 내보이면 안 됩니다).

길바닥에 널려 있는 돌 때문에 신경이 쓰인다고 땅만 보고 걸으면 원하는 곳으로 갈 수 없습니다. 돌을 피하기만 하다가 엉뚱한 곳으로 가게 됩니다. 길바닥의 돌들을 일일이 치워가며 산을 오를 수는 없습니다.

너무 화가 나서 측은지심조차 갖기 힘들다면, 아무도 듣지 않는 곳에 가서 "야, 이 돌 같은 놈아!" 하고 고함이나 한 번 질러주십시오.

회사에 미운 사람이 있고 그 사람 때문에 괴로울수록 '내일을 더 열심히 하겠다'고 마음먹는 것이 좋습니다. 일에 몰두하면 화를 진정시키는 데도 도움이 되고 쓸데없는 푸념을 늘어놓을 일도 줄어드니까요. 미운 사람 때문에 스트레스를 받는다면 '나에게 지금 당장 가장 중요한 것은 무엇인가?'를 다시 떠올려보세요. 그리고 그것에 더 몰입하세요. 해야 할 일을 우직하게 밀고 나가십시오. 열심히 일하는 것, 그 자체가 사람 때문에 생긴 스트레스를 날려버릴 수 있는 최고의 명약입니다.

 ## 삶의 온도를 조절하기 위해 해야 할 일

나를 소중하다고 여기기

자신을 소중하게 여기는 사람은 감정을 능숙하게 조절할 줄 압니다. 절망적인 상황에서도 단정하게 스스로를 관리할 줄 아는 사람, 괴로워도 자신의 목표를 향해 뚜벅뚜벅 걸어가는 사람, 자존심을 건드려도 쉽게 화내지 않고 평정을 유지하는 사람, 스트레스를 받아도 미소 지을 수 있는 사람은 '나는 소중하다' ' 내가 하는 일이 가치 있다'라는 강한 믿음을 갖고 있습니다.

하루에도 스무 번씩, 서른 번씩 스스로에게 말해보세요.

"나는 소중하다!"

"내가 하고 있는 일은 소중하다!"

"나 자신을 소중하게 만들겠다!"

멀리 있는 누군가가 들을 수 있도록 큰소리로 외쳐보세요. 부끄러워 말고 소리쳐보세요. 내가 원하는 것, 내가 느끼고 싶은 것을 소리 내어 말하면 힘이 생깁니다.

나는 나를 사랑해 ♡

산다는 것은
호흡하는 게 아니라
행동하는 것

- - - - - - - - - - - - -

어느 화창한 토요일, 38세의 여성 혜선 씨는 오래 입어서 무릎이 늘어난 트레이닝복을 입고 오징어를 씹으며 드라마를 봅니다. 머리카락은 아무렇게나 헝클어져 있고 세수도 안 한 얼굴입니다.

"회사 일이 너무 힘들어서요. 주말에는 편히 쉬어야죠."

그렇게 말하는 혜선 씨는 우울합니다. 나이 마흔이 가까워오도록 변변한 연애 한 번 못해보고, 지금도 사귀는 남자가 없습니다. 사랑에 빠져 세상이 달라지는 듯한 느낌을 경험해본 것이 언제인지 모르겠다고 합니다.

"연애라도 하면 사는 게 달라질 것 같아요. 남자친구라도 있으면 주말에 집에만 있지 않고 우울하지도 않을 텐데."

그런데 혜선 씨, 과연 연애나 할 수 있을까요?

연애를 하려면 사랑에 빠질 수 있는 확률이 높은 환경에서 활동해야 합니다. 화창한 토요일에는 근사하게 옷을 차려입고 자리 좋은 카페에 앉아 책 읽는 시늉이라도 해야 괜찮은 남자를 만날 가능성이 있습니다. 그런데 혜선 씨는 주말에도 늘어진 옷에 헝클어진 머리로 집에만 틀어박혀 있습니다.

이런 상황에서 어떻게 연애를 하고, 어떻게 기분이 좋아지고, 어떻게 삶의 활력이 생길까요? 당장은 편안할지 몰라도 시간이 갈수록 삶은 더 무미건조해질 것이 분명합니다. 의욕과 활력은 더 떨어지고 자신감도 줄어들면서 거울 속의 자신을 보며 이렇게 말하게 될지 모릅니다.

"나 같은 여자를 어떤 남자가 좋아하겠어. 집 밖으로 나가봐야 나를 쳐다봐줄 남자가 어디 있겠어."

그러다 살이 찌거나 체형이 망가지면 활동은 더 줄어들게 됩니다. 자신의 신체 이미지에 불만이 많은 여성일수록 신체 활동을 하지 않으려는 경향이 강합니다.

현실의 삶 속으로 적극적으로 뛰어들지 않을 때 우울증은 우리 곁으로 찾아옵니다. 생각 속에 빠져 현재의 삶에 집중하지 못할 때 우리는 우울해집니다. 일찍이 루소는 "산다는 것은 호흡하는 것이 아니다. 산다는 것은 행동하는 것이다"라고 말했지요.

우울할수록 우리는 더 우울한 생각 속으로 빠져들고, 과거의 잘못이나 내가 왜 우울한가에 대한 생각의 수렁에 더 깊이 들어가게 됩니다. 이를 '우울 반추'라고 부릅니다. 머릿속에 이미 자리 잡고 있는 우울한 생각들을 반복해서 되새김질하는 것이지요.

이렇게 되면 일상의 모습도 바뀝니다. 출근길의 발걸음이 무거워지고, 이유 없이 결근을 하기도 합니다. 출근해도 예전처럼 집중해서 일하기 힘들고, 생산성이 떨어집니다. 간신히 하루 일과를 끝냈더라도, 퇴근해서 집에 가면 멍하니 텔레비전 앞에 앉아 있거나 혼자 방에 틀어박혀 있습니다.

친구가 만나자고 전화해도 이 핑계 저 핑계를 대며 피해버립니다. 예전에 재미있었던 취미 생활이 더 이상 감흥을 주지 못합니다. 결국은 기분을 좋게 할 수 있는 일은 하나도 남지 않게 됩니다. 운동을 하거나 친구를 만나 대화하며 긍정적인 기분과 만족감을 느낄 수 있어야 하는데, 이런 활동을 전혀 하지 않으니 더 우울해질 수밖에 없는 것이지요. 이런 상황을 일컬어 '비활동성의 덫'에 걸려들었다고 표현합니다. 우울해서 활동이 줄어들고 활동이 줄어드니 더 우울해집니다.

우울증 환자가 걸려드는 또 다른 덫이 있습니다. 우울한 감정에서 당장 벗어나기 위한 행동에만 몰두하는 겁니다. 장기적인 관점에서 만족감을 주고 자신감을 회복하게 해주는 활동이 아니라 지금 당장의 불쾌한 기분에서 벗어나기 위한 행동에만 빠져들게 됩니다. 방에 틀어박혀 혼자 맥주나 마시면서 텔레비전만 보는 겁니다. 당장은 편안하고 불쾌한 기분이 줄어드는 것처럼 느껴지니까요.

이렇듯 삶으로부터 도피하는 활동만으로 일상이 채워집니다. 이를 '회피 행동' 또는 '도피 행동'이라고 하는데요. 일상의 삶에서 자꾸만 도망가게 되어 우울증은 더 깊어집니다.

일상은 괴롭고 고통스럽습니다. 집안과 밖에서 해야 할 일들이 너무 많습니다. 해도 해도 끝날 것 같지 않은 일 속에서 우리는 지쳐갑니다. 하지만 그렇다고 퇴근해서도 소파에 누워 텔레비전만 보고 있으면 피곤에서 벗어날 수 있을까요?

주중에 스트레스를 너무 많이 받았다고 주말에 밤늦게까지 술 마시고, 일요일에는 밀린 잠을 잔다고 하루 종일 침대에 누워 있으면 다시 활력이 생길까요? 과연 어떻게 하는 것이 더 효과적일지 스스로 답을 내려보세요.

삶의 온도를 조절하기 위해 해야 할 일

일단 만나기
•

결혼하고 싶지 않은 여성이라도, 시간이 흐르면서 나이가 들어간다는 것에 대한 우울함을 떨쳐버리기는 힘들지요. 상담하면서 이런 이야기를 들을 때도 있습니다.

"결혼하고 싶은 마음과는 상관없어요. 나이가 들면서 우울해지는 이유 가운데 하나가, 조금 더 시간이 지나면 나는 더 이상 엄마가 될 수 없겠구나 하는 생각 때문이에요."

연애나 결혼 문제에 대해 상담하는 분들을 보면 억지로 결혼하려 들지 마라, 나이 들어간다고 조급한 마음에 결혼을 서두르지 마라 같은 조언을 하는데요. 솔직히 저는 이런 말을 위험하다고 생각해요. 사실 자기 마음을 모르고 사는 경우가 더 많거든요. 진정으로 원하는 것이 무엇이냐고 물었을 때 선뜻 답하는 경우는 그리 많지 않습니다. 사람은 대체로 자기 마음을 잘 모릅니다.

결혼과 연애에 대해서도 마찬가지지요. 어떤 때는 연애하고 결혼도 하고 싶다가 또 어떤 때는 편하게 혼자 사는 것이 더 낫다고 생각합니다. 그리고 이 두 사이를 끊임없이 오가지요. 그러니 밖으로 나가 일단 사람을 만나보세요. 친구들한테 소개팅을 부탁하세요. 엄마에게도 솔직하게 말하세요. 선 자리 좀 알아봐달라고요.

처음부터
너무 잘하려고
애쓰지 마세요

- - - - - - - - - - - - - - -

남편의 '게으름' 때문에 속 터진다는 아내들의 하소연을 참으로 자주 듣습니다. 다른 집 남편은 아이들하고 잘 놀아준다는데 우리 집 남편은 놀아주기는커녕 시끄러우니 나가서 놀라고 아이들을 윽박지르기나 하고, 다른 집은 주말마다 여행도 가고 여기저기 놀러 다니는데 우리 집은 아이들이 엄마랑만 다니니 아이들한테 미안하다는 그런 이야기지요.

심지어는 아이들과 놀아주는 것도 가족 여행도 안 해도 좋은데 무슨 남자가 만날 피곤하다고 텔레비전만 보냐며 답답해하는 아내들도 자주 봅니다.

하도 자주 듣다 보니 이런 남자들이 예외적인 경우가 아니라 보편적인 게 아닌가 하는 생각이 듭니다. 한강시민공원 같은 곳만 가도 활기차게 자전거를 타고, 자녀들과 배드민턴도 치고, 먹을거리를 챙겨와서 가족과 함께 오순도순 나눠 먹는 모습을 쉽게 볼 수 있습니다. 하지만 우리 눈에 띄니까 흔해 보일 뿐이지 실제로는 소파와 합체된 남자들이 훨씬 많을지 모릅니다. 여가시간을 어떻게 보내느냐는 설문조사에서 '텔레비전 시청'이 어김없이 1등인 것만 봐도 그렇고요.

사람마다 사정이 다르니 함부로 일반화할 수는 없겠지만, 이런 남자들에게는 대체로 다음과 같은 세 가지 이유가 있습니다.

첫 번째는 뭐니 뭐니 해도 몸이 피곤한 겁니다. 야근이다 회식이다 해서 몸이 너무 피곤하고 지친 것이지요. 주중에 아침 일찍 출근하느라 고생했는데 주말에는 낮잠도 자고 그냥 몸을 편하게 내버려두고 싶은 거지요.

이런 남편이라면 '얼마나 힘들까, 측은하다.' 이렇게 생각하고 내버려두는 것도 하나의 대처법일 수 있습니다.

하지만 이때도 분명히 알아두어야 할 것이 있습니다. 주말에 누워서 쉬면 피로가 회복될 것 같아도 오히려 피로는 더 누적되고 의욕은 떨어집니다. 낮잠을 최소화하고, 오후에는 햇빛도 보고, 30분이라도 가볍게 산책을 하는 것이 좋습니다. 그러고 나서 목욕도 한 번 하고 저녁에는 가족과 같이 식사하면서 대화라도 나누면 이게 가장 좋은 피로 회복제입니다.

　두 번째는, 남편이 그냥 게으른 사람이라서 그런 겁니다. 이때는 그만 누워 있으라거나 밖으로 좀 나가자고 잔소리를 하면 남편 쪽에서 오히려 화를 냅니다. 게으른 사람들은 자기 잘못을 인정하기보다는 다른 사람들이 자기를 싫어하고 귀찮게 여긴다는 왜곡된 생각을 갖고 있거든요. 그래서 게으름을 지적당하면 상대방에게 버럭 화를 냅니다.

　이 상황에는 대책이 별로 없어요. 그냥 내 팔자려니 하고 살아야 합니다. 남편 성향이 원래 그러니 다음 생에는 활동적인 남편 만나기를 기도하는 편이 나을 겁니다. 그냥 받아들이고 사는 것이 남편에 대한 원망을 줄이고 내 마음도 편해지는 길입니다.

　세 번째는, 회피입니다. 마음속에 괴로운 뭔가가 있으면 그 고민에 빠져서 다른 활동은 무의미하다고 느껴집니다. 그게 해결되기 전까지는 취미 생활이나 야외 활동 같은 일은 눈에 들어오지도 않습니다. 마음속에 미친 코끼리 한 마리가 있는데, 그것을 보고 싶지 않은 겁니다. 마음속의 두려움을 다스리기 위해서 온갖 상상과 걱정만 하게 됩니다. 미숙한 상상력을 발휘해서 걱정을 더 키웁니다.

'집에만 있는 것'은 이렇게 회피 전략이 됩니다. 밖에 나가서 다른 사람들이 활동적으로 잘 지내는 모습을 보면, 자기 모습과 비교하게 되니까 집에 있는 것이 속 편하기도 합니다.

아이러니한 것이 우리는 스트레스를 받으면 스트레스를 해소하기 위해 필요한 활동을 가장 먼저 그만둡니다. 마음이 괴로울수록 즐거운 일을 계획하고 실천해야 합니다. 내키지 않아도, 기운을 차릴 수 있는 일들을 해야 합니다.

아무 일도 하지 않는다고 정신적인 피로가 치료되는 것은 아닙니다. 고민이 많을수록 밖에서 몸으로 풀어버리는 것이 해결책입니다. 머리를 싸매고 해야 할 고민이라면, 주말에 그 고민을 끼고 있다고 해서 해결될 리도 없습니다. 차라리 주말에는 몸을 활발하게 움직여서 잡념을 없애는 것이 좋습니다.

그렇게 하면 생각도 정리되고 좋은 아이디어가 갑자기 튀어나오기도 합니다. 그러니 어떻든지 간에 남편을 자리에서 일으켜 무슨 일이든 하게 해야 합니다. 몸을 움직이는 것이 치료이고 약이기 때문입니다. 감기에 걸리면 감기약을 먹듯이 우울해지면 활동이라는 약을 먹는다고 생각해야 합니다.

약은 원래 씁니다. 먹기도 귀찮고요. 하지만 억지로라도 먹어야 합니다. 그래야 나으니까요. 활동을 못하는 이유, 하기 어려운 이유를 찾으려는 마음이 자동으로 들 때마다 스스로에게 이렇게 말해야 합니다.

"처음에는 그냥 하는 거야."

처음부터 너무 잘하려고 하지 마세요. 매일 운동하기로 마음먹더라도, 매일 하는 것은 원래 힘든 일입니다. 20~30퍼센트만 목표에 도달해도 열심히 한 것이니 스스로를 칭찬하고 대견하다고 다독거려야 합니다. 잘하지 못했다고 포기하지 않는 것이 중요합니다.

🌡️삶의 온도를 조절하기 위해 해야 할 일

나란히 걷기

•

현대인이 느끼는 피로의 대부분은 신체적 피로가 아니라 뇌의 피로입니다. 뇌는 피로한데 몸은 뇌만큼 피로하지 않기 때문에 뇌와 신체 사이에 불균형이 발생합니다. 이때 뇌는 피로를 풀기 위해서 "음식을 먹어라" "술을 마셔라"라고 몸에 신호를 보내는데요. 이런 신호를 그대로 따르면 피로가 회복되기는커녕 술만 늘고 살만 더 쪄서 몸과 마음은 더 지치지요.

대신, 걸으세요. 아무것도 필요하지 않습니다. 그저 운동화를 신고 나가면 됩니다. 걸으면 똑똑해지기도 합니다. 일리노이 의대 연구팀이 평균적인 뇌 크기를 가진 사람 210명에게 일주일에 세 번씩 빨리 걷기를 1시간 동안 시켰습니다. 그리고 3개월 뒤, 기억을 담당하는 뇌세포를 조사했더니 평균 세 살이나 어린 뇌의 활동력을 보였습니다. 걸으면 운동 경추가 자극되어 뇌 혈류가 두 배로 증가된다는 사실도 밝혀졌습니다.

혼자 걷는 것도 좋지만 사랑하는 사람과 나란히 걸어보세요. 프랑스 인상주의 화가 구스타브 카유보트의 〈오르막길 Rising Road〉 속 연인처럼 말이죠. 아무 말 하지 않아도 됩니다. 서로를 뚫어져라 쳐다보지 않아도 좋고요. 그냥 묵묵히 둘 사이에 다른 사람 하나가 왔다 갔다 할 정도의 거리를 두고, 나란히 서서 걸어보세요.

사랑하는 사람과 같이 길의 침묵을 나누어 갖겠다는 마음 하나면 충분합니다.

이루지 못한
계획이
더 소중합니다

- - - - - - - - - - - - - - -

매년 1월 1일이 되면 그 해에 이루고자 하는 목표들을 적어보
곤 합니다. 새해 계획을 세우고 나면 제대로 한 해를 시작한 것
같다는 뿌듯함이 들거든요. 하지만 연말이 되어 한 해를 돌아
보면 계획한 일 가운데 20퍼센트도 채 달성하지 못했다는 사
실에 허무함이 밀려오지요.

목표가 높고 계획 자체가 무리였나 싶어 목표를 낮춰보지
만 역시나 결과에는 큰 차이가 없습니다. 그렇다고 딱히 한 해
를 불성실하게 보낸 것도 아닌데 말이지요. 이럴 바에야 신년
계획을 세우지 말까도 생각해보지만 목표도 없이 사는 것 같아

또다시 새해가 되면 계획을 세웁니다. 새해 계획 세우기, 해도 안 해도 만족스럽지 못합니다.

외국에서 시행된 연구 결과를 보니, 새해 목표 가운데 실제로 이루는 비율은 8퍼센트 정도라고 하더군요. 열 개를 세우면 연말까지 이룬 것은 기껏해야 하나 정도라는 뜻이지요.

우리의 의지력이 약해서 그런 것일까요? 그렇지 않을 겁니다. 1월 1일에 쉬면서 다이어리에 계획을 하나둘씩 적어볼 때는 마치 다 이룰 수 있을 것처럼 느껴집니다. 그런데 현실에서 여러 가지 일에 부대끼다 보면 아무리 의지가 강한 사람이라도 계획을 모두 이룰 수는 없는 법이지요. 이건 누구에게나 해당되는 이야기입니다.

이는 공감 간극 효과empathy gap effect를 고려하지 않은 채 계획을 세우기 때문입니다. 공감 간극 효과란, 목표를 이뤄가는 자신의 통제력을 실제보다 높게 평가하는 경향을 일컫습니다. 이런저런 일에 치이면서 피로가 쌓인 상태가 되어서야 비로소 '아, 내 의지력은 여기까지구나!' 하고 제대로 인식하는 것이지요.

그러니 계획을 세울 때는 자신의 의지력은 최대한 낮게, 앞으로 생길 장애물의 영향은 최대한 크게 고려해야 합니다. 그래야 1년 내내 시달리며 살다가 연말이 되어 제대로 이룬 게 하나도 없다며 괜한 자책에 빠져들지 않습니다.

사실 우리는 목표 과잉의 시대에 스스로를 들볶으며 살고 있는지도 모릅니다. 나날이 정교해지는 현실의 유혹들을 물리치면서, 또 다른 무언가를 추구하며 살아갑니다. 이렇게 하려면 생각보다 훨씬 많은 정신 에너지를 태워내야 합니다.

게다가 이루고자 하는 목표가 한두 가지가 아니라 아주 많다면, 그것도 짧은 시간에 성취하려고 한다면, 어떻게 될까요? 담배도 끊고 싶고 살도 빼고 싶고, 금연도 하고 운동도 하려고 애쓰다 보면 스트레스를 받아서 담배는 더 피우고 싶어지고 음식은 더 당깁니다. 그러다 둘 다 실패합니다. 하고 싶은 것이 많고 되고 싶은 것이 많을수록 어느 것 하나에도 도달하지 못한 채 힘만 빠져 쓰러지고 맙니다.

그렇다면 무조건 목표를 낮추고 계획을 줄이는 것이 정답일까요? 이것도 정답은 아닙니다. 어떤 사람은 너무 많은 계획과 일, 완벽에 대한 강박관념이 문제라고 지적하면서 무계획을 강조하기도 하던데요. 제 생각은 다릅니다. 새해 계획이란, 그것을 꼭 완수해야만 가치 있어지는 것은 아니라고 봐요. 새해 계획은 달성 여부와 상관없이 그 자체로 가치 있는 것입니다.

어쩌면 인생에서 계획이란 죽는 순간까지도 다 이룰 수 없기 때문에 소중하고 의미 있는 것일지도 모릅니다. 비록 계획한 것을 다 이룰 수는 없더라도 꿈조차 꾸지 않고 산다면 오늘은 내일과 같을 겁니다. 미래를 살아보지 않고도 자기 미래가 빤히 보이는 삶을 살게 될 겁니다.

이렇게 되면 삶의 윤기와 향기는 어느새 날아가 버리고 맙니다. '인생은 우리가 사는 그것이 아니라 산다고 상상하는 그것이다'라고 하지 않던가요. 현실이 어떻든 내일의 우리 삶이 지금과는 다를 것이라고 꿈꾸는 것. 그 꿈에 도달하기 위해 계획을 세우는 것. 이런 것들이 모여 우리 삶을 앞으로 밀고나가는 법이니까요.

 삶의 온도를 조절하기 위해 해야 할 일

계획을 세우는 다섯 가지 황금 법칙

●

1. 단순한 계획을 세워보세요

계획을 세우고 꾸준히 실천에 옮기는 것은 그 자체로 어려운 일입니다. 예를 들어 책을 쓰기로 마음먹었다면 '하루도 빠지지 않고 매일 글을 쓰겠다'와 같은 단순한 계획이 좋습니다. '글쓰기 공부도 시작하고, 출판사도 알아보고, 사진도 찍겠다.' 이렇게 여러 계획을 세우면 백발백중 실패합니다. 자꾸 부담만 늘어나서 지속하기 힘들어지고, 계획을 생각하면 마음만 무거워집니다. 그냥 단순하게 '나는 매일 글을 쓰겠다'라고 해보세요.

2. 장기 계획에는 지표가 필요합니다

목표를 향해 올바르게 가고 있는지 확인할 수 있는 지표가 있어야 합니다. '한 달 동안 A4 용지로 열 장의 글을 쓰겠다' '석 달이 되면 한 챕터가 완성될 것이다' '1년 동안 초고를 완성할 것이다' 같은 구체적인 시간과 목표량을 정확히 세워둬야 합니다. 막연하게 '올해 안에 어떻게든 되겠지'라고 생각하면 이건 제대로 된 계획이 아닙니다.

3. 현실적인 계획이 필요합니다

글만 쓰는 전업작가가 아니라면 현실적인 제약이 많을 수밖에 없습니다. 이럴 때일수록 현실적인 계획이 필요합니다. 높은 목표를 잡지 말고 현실적인 제약을 충분히 고려하세요. 회식도 있고, 직장에서 야근하는 날도 있고, 주말에도 시간을 내기 어려울 수 있습니다. 그렇다면 '퇴근하고 오면 피곤하니 아침에 1시간 일찍 일어나서 글을 쓰겠다'든가 '일요일 오전에는 무슨 일이 있어도 3시간 동안 글을 쓰겠다'는 현실 가능한 목표를 세워야 합니다.

4. 성향과 어울리는 계획을 세워보세요

하루 일과에 지쳐버리기 전, 아침 시간에 일정량의 일을 끝내놓겠다는 계획은 그 자체로 아주 훌륭합니다. 하지만 당신이 체질적으로 올빼미형 인간이라면 새벽에 일어나 졸린 상태로 글을 쓰기는 힘들 겁니다. 글도 못 쓸 뿐 아니라 수면 부족에 시달리고 말 겁니다. 올빼미형 인간이라면 새벽보다 저녁이나 밤에 작업에 몰두할 수 있도록 계획을 세워야 합니다. 자기 성향과 어울리는 계획을 세워서 최고의 성과를 낼 수 있도록 말이지요.

5. 머릿속에 계획을 떠올려보세요

일주일에 한 번씩 주기적으로 계획을 떠올리고 진행 상황을 점검해보세요. 다음 두 가지 질문으로요. '나는 매일 하루 계획을 잘 지키고 있는가?' '장기 계획을 잘 따라가고 있는가?'

만약 '아니요'라면 추가적인 노력을 기울여야 합니다. 어쩔 수 없이 계획을 수정해야 한다면, 처음 세웠던 계획을 조정합니다. 하지만 처음 계획에는 아무 문제가 없는데 실천을 못하고 있다면 나 자신을 채찍질하는 수밖에 없습니다.

나의 부족함
또한
최선의 일부
- - - - - - - - - - - -

▲▲
▲ ▲

우리 주변에는 가정과 일 두 마리 토끼를 모두 잡기 위해 고군분투하며 사는 워킹맘들이 많습니다. 몸은 하나인데 주어진 역할은 많으니 항상 심신이 피곤하고 지쳐 있는데, 하지만 이 모든 것을 잘해내고 싶다는 욕심도 버릴 수가 없습니다.

가정의 요구가 일에서의 책임과 충돌할 때 발생하는 스트레스를 가정-일 스트레스Family-Work Stress라고 합니다. 그 반대는 일-가정 스트레스Work-Family Stress입니다.

예를 들어 아픈 아이를 돌보기 위해 일터를 벗어나야 하는 부모가 느끼는 스트레스는 가정-일 스트레스입니다. 예기

치 않게 회의가 길어져 학교에서 아이를 데려오는 데 지장이 생기면 일-가정 스트레스입니다.

가정-일 스트레스는 남녀 모두에게 해당되지만, 여성의 스트레스가 월등하게 큽니다. 학교에서 아이가 아플 때 전화 받는 사람도 엄마고, 노부모를 돌봐야 할 때 일정을 조정하는 사람도 여성인 경우가 대부분이니까요.

한국의 맞벌이 부부를 보면, 남성의 가사노동 시간은 40분에 불과합니다. 여성은 그 다섯 배에 달하는 3시간 14분이고요. 외국에서 시행된 다른 연구 결과를 보면, 일하는 아내는 남성에 비해 주당 6시간을 덜 자고, 자신을 위해 쓰는 시간은 주당 12시간이 더 짧다고 합니다. 그러니 가정-일 스트레스의 피해자는 여성일 수밖에 없습니다.

여성의 가정-일 스트레스를 줄일 수 있는 방법 가운데 효과가 입증된 것은 세 가지입니다. 사내 보육 시설 확충, 유연근무제, 그리고 관리 감독자의 정서적 지원입니다. 근무 시간을 유연하게 선택할 수 있고, 상사가 정서적으로 지지를 해주면 자기 통제감을 느끼게 되어 스트레스가 줄어듭니다. 가정-일 스트레스를 줄일 수 있는 프로그램을 시행하는 회사는 주가도 높아진다고 하니, 조직에도 득이 되는 것이지요.

직장 일을 하면서 육아와 남편 내조, 시부모 부양까지 하며 열심히 살아온 30대 여성이 어느 날 저에게 이렇게 말하더군요.

"우리 집에서는 나만 빼고 다 행복한 것 같아요."

결혼 전에는 날씬하고 예쁘다는 소리도 많이 들었는데, 집과 회사 안팎으로 치이다 보니 먹는 게 유일한 낙이라 지금은 살찌고 눈가에 주름만 늘었다고 하면서요. 무엇보다 하루하루 소진돼가는 기분이 들고 매일 똑같이 반복되는 빡빡한 삶이 무의미하게 느껴진다고 하더군요. 그래서 직장을 그만둘까 고민 중이라고요.

직장을 그만둔다고 해서 삶이 지금보다 행복해지지는 않을 겁니다. 그러니 '일을 그만두고 가정에만 전념할 것인가, 아니면 일과 가정을 양립시킬 것인가?' 하는 고민은, 무엇이 더 행복을 가져다주는 선택인가의 기준에서 보면 아무 의미 없는 고민일 뿐입니다.

우선 직장 일과 집안일, 두 가지를 동시에 잘할 수 있다는 생각을 버려야 합니다. 두 가지를 동시에 완벽하게 할 수는 없습니다. 어릴 때부터 "숙제 다 했구나, 우리 딸 착하다"라는 말을 듣고 자란 여성일수록 일과 가정에서 모두 완벽해야 한다는 압박감 때문에 더 많은 스트레스를 받습니다. 완벽의 환상에서 벗어나야 합니다.

또 죄책감을 가져서는 안 됩니다. '전업주부였다면 아이를 더 잘 키웠을 텐데. 일하는 엄마여서 아이에게 미안하다'는 생각이 제일 큰 문제입니다. 일 그만두고 아이만 키웠어도 힘들기는 매한가지입니다. 그렇다고 아이가 더 잘 자라는 것도 아닙니다.

혼자 감당해야 한다는 생각에서도 벗어나야 합니다. 남편에게 적극적으로 도움을 요청해야 합니다. 남편이 제대로 돕지 않는다면 당당히 맞서 싸울 각오도 해야 합니다. 하루쯤은 아이를 남편에게 맡기고 영화도 보고 친구도 만나서 수다도 떨어야 합니다. 아무 일도 하지 않는 혼자만의 시간도 반드시 가져야 합니다.

'모든 일을 완벽하게 처리해야 한다'고 달려들 것이 아니라 '너무 완벽하려다 보면 긴장해서 실수가 생길 수 있으니 여유를 갖자'고 마음먹어야 합니다. '일이 잘 풀리면 좋겠지만, 계획대로 완벽하게 되지는 않더라도 최선을 다했다면 나 자신을 칭찬해주자'고 다독여야 합니다. '누구나 실수하니까, 가족(혹은 동료)에게 완벽을 강요하지는 말자'고 너그러워져야 대인관계도 부드러워집니다.

아무리 애를 써도, 우리는 결코 완벽에 도달할 수 없습니다. 실수나 결점 없이 살아가기는 불가능합니다. 완벽하지 않다고 해서 그 사람의 존재 가치가 줄어드는 것도 아닙니다.

가수 김창완 씨는 이렇게 말하더군요.

"나의 실수, 편견, 부족함까지 내가 나를 못마땅하게 만드는 모든 것들, 그것도 최선의 삶에 다 들어가는 거예요. 그런 것들을 싹 빼면 자기 삶이 완벽해질 것 같지만 절대 그렇지 않아요. 그런 허접함과 못마땅함이 포함될 때 그제야 그 삶이 완성되는 거예요."

그의 말처럼, 어차피 완벽하지 않은 삶이라면 있는 그대로의 내 모습과 타인의 삶을 아끼며 살아가야 하지 않을까요.

🌡 삶의 온도를 조절하기 위해 해야 할 일

안락한 시간 마련하기

●

졸리거나 쉬고 싶다면 시간을 내어 즐거운 마음으로 휴식을 취하세요. 어떤 음식이 간절히 먹고 싶다면 그 음식을 맛있게 먹으세요.

모든 것을 다 할 수는 없지만, 원하는 것을 못 해도 정신 건강을 해칩니다. 몸이 간절히 원하는 것은 지금 당신에게 그 부분이 결핍되어 있다는 걸 뜻하므로, 원하는 대로 하는 게 건강을 챙기는 길입니다.

일주일에 한 번 이상은 나 자신을 위한 '안락한 시간'을 마련하세요. 모닝커피와 함께 조간 신문을 본다든지, 경치 좋은 곳에서 산책을 한다든지, 여유롭게 목욕을 한다든지요.

가장 창의적이고 뛰어난 아이디어가 나오는 때는 이런 시간입니다.

삶의 시계를
다시
맞춰보세요

- - - - - - - - - - - -

▲▲
▲

은퇴 스트레스는 사람마다 다릅니다. 어떤 사람은 살점이 떨어져나가는 것 같다고 표현하고, 어떤 사람은 시멘트로 튼튼히 벽돌을 쌓아올렸다고 믿었는데 알고 보니 레고 블록처럼 쉽게 무너지는 것이었다고 말하기도 합니다. 열심히 산을 올랐는데 처음 시작했던 자리로 돌아와 있다고도 하고, 어떤 사람은 투명인간이 된 것 같다고도 합니다.

이런 이야기들을 들으며 은퇴 스트레스란, 살아있지만 존재하지 않는 느낌이 아닌가 하는 생각이 들었습니다.

그렇다면 은퇴 후 스트레스가 심할 때는 어떤 상황까지

올 수 있을까요?

가벼운 불면증이나 무력감은 흔한 경우고, 우울증이 생기기도 합니다. 사소한 일에 예민하게 반응하고, 짜증스럽고, 분노 조절이 잘 되지 않습니다. 극단적인 경우는 삶의 의미를 상실해버립니다. 모든 것이 무의미하다고 느껴집니다. 허무함에 빠집니다.

이런 부정적인 정서에서 벗어나려고 충동적인 행동을 합니다. 평소 모습과는 전혀 다른 극단적인 언행을 보이기도 합니다. 폭음을 하거나, 튀는 옷차림을 하거나, 도박이나 불륜에 빠지기도 합니다. 이런 행동들은 은퇴 증후군을 겪고 있는 사람이 진심으로 원해서 하는 것이 아닙니다. 은퇴 후의 감정적인 혼란에서 도피하고자 하는 심리에서 비롯된 것입니다.

은퇴 증후군은 정체성의 혼란 때문에 생깁니다. 은퇴라는 사건은 나라는 사람의 정체성이 찢기고 떨어져 나가는 것입니다. 생살이 찢어지는 것과 같습니다.

자기를 회사와 동일시하고 살아왔거나, 직장 내 직급으로 자신의 존재감을 유지하며 살아왔던 사람은 은퇴 후에 자기 정체성에 혼란을 겪게 마련입니다. 명함이 사라지면 내가 누구인지 표현하지 못하는 사람은 은퇴 이후 심리적 충격이 클 수밖에 없습니다. 은퇴와 동시에 나라는 사람이 보잘것없는 미물로 변해버렸다고 인식하게 됩니다. 자기의 존재 가치가 은퇴와 함께 사라졌다고 느낍니다.

그렇다면 은퇴 후 스트레스를 줄이는 방법에는 무엇이 있을까요?

은퇴 증후군은 누구나 겪게 되는 상실 반응입니다. 일시적인 정체성의 혼란이나 감정의 변화는 당연한 반응입니다. 하지만 시간이 흘러도 가라앉지 않고, 일상생활에 문제가 생기고, 가족관계나 대인관계에서 불화로 이어진다면 그것은 문제입니다.

은퇴 증후군을 슬기롭게 넘기기 위해서는 다음의 세 가지 원칙을 잘 지켜야 합니다.

첫 번째, 직장 생활에 맞춰져 있던 삶의 리듬을 새로 맞춰야 합니다. 다시 말해 삶의 시계를 다시 맞춰야 합니다. 은퇴했지만 마치 직장 생활을 유지하고 있는 것처럼 일정한 생활 리듬과 신체 활동을 유지해야 합니다. 은퇴했다고 집에만 있거나, 수면 리듬이 불규칙해지거나, 시간이 남는다고 골프나 바둑 채널만 보고 있으면 은퇴 증후군은 더 오래가고 삶의 활력은 사라집니다.

두 번째, 새로운 경험을 받아들일 마음의 준비를 해야 합니다. 직장 생활을 할 때의 사고방식이나 행동을 그대로 답습해서는 안 됩니다. 새로운 것, 익숙하지 않은 것에 자신을 열어놓아야 합니다. 지금까지는 직장 생활을 통해서 나를 느껴왔다면, 이제부터는 소소한 일상에서 감동을 느낄 수 있도록 모든 감각을 열어놓아야 합니다.

'이런 걸 어떻게 해' '내 체면이 있지' '그래도 왕년엔 잘나갔는데 은퇴했다고 이런 일을 할 수는 없어' 이런 식으로 나 자신을 닫아버리면 삶은 점점 위축됩니다. 어차피 삶은 새로운 경험을 쌓아나가는 것입니다. 어떤 경험이든 그 자체로 의미가 있습니다.

세 번째, 삶의 서사를 새로 써야 합니다. 지금까지 살아온 인생의 역사를 정리하고 새롭게 의미를 부여하는 작업이 필요합니다. 비록 은퇴했지만 '나는 성실한 사람' '나는 인생의 지혜가 있는 사람'이라고 스스로에게 가치를 부여해야 합니다. 지금은 퇴직했지만 '가족의 행복을 위해 최선을 다하며 살아온 삶'이라고 자기 삶에 의미를 불어넣어야 합니다.

그렇게 할 수 있다면 은퇴 이후에도 더 건강해질 수 있습니다. 상실을 겪더라도 그 경험을 인생이라는 큰 그림 속에 통

합시켜 의미 있는 이야기로 풀어낼 수 있는 사람은 (그렇지 않은 사람에 비해서) 더 성숙한 자아를 갖게 됩니다.

은퇴는 인생의 전환점입니다. 새로운 기회, 또 다른 나를 찾기 위한 기회가 됩니다.

삶의 온도를 조절하기 위해 해야 할 일

삶의 의미를 찾는 질문

등산을 해본 사람이라면, 산을 오를 때는 보이지 않던 꽃들이 산을 내려갈 때 선명하게 눈에 들어오는 경험을 해보았을 겁니다. 젊은 시절에는 힘겹게 정상을 오르느라 놓치고 살았던 것들이 나이가 들면서 비로소 마음에 들어오게 됩니다.

은퇴 후 삶은 자기 삶에 의미를 새롭게 부여하는 시기입니다. 사회적 성공이나 경제적 여유 등의 세속적인 성취를 했느냐가 중요한 게 아니라, 내 삶은 어떤 의미가 있고 남은 인생 동안 나는 무엇을 해야 하는지 묻고 답해야 하는 시기인 것이지요.

은퇴 후 삶이 괴로운 이유는 삶의 의미를 잃어버리기 때문입니다. 나의 삶은 가치가 있으며 지금 내가 하는 일은 이러저러한 의미가 있다고 확신할 수 있어야 은퇴 후의 삶을 견뎌내는 힘이 생깁니다.

생각해보면 젊다는 건 아직 가슴 아플 일이 많이 남아 있다는 것입니다. 그리고 아직 두려워한다는 말입니다. 지금 두렵다면 당신에게는 아직 해야 할 일이 많다는 뜻입니다. 그리고 여전히 젊음을 가슴에 간직하고 있다는 뜻이기도 합니다.

당신이
남기고 간 향기가
당신의 삶을 말합니다

- - - - - - - - - - - - - - - - -

우리는 가끔 "그 사람은 왠지 신경질적일 것 같아. 허세 부리면서 다른 사람을 무시할 것 같아" 하며 타인의 특징을 즉각적으로 인식할 때가 있습니다. 주로 인상과 표정 그리고 행동을 눈으로 관찰한 뒤에 판단합니다.

첫인상은 대개 보이는 것에 좌우됩니다. 그런데 우리는 이런 시각 정보 없이, 그 사람의 고유한 체취만으로도 성격을 알아챌 수 있습니다.

외국의 한 대학에서 재미있는 실험을 했습니다. 피험자 60명에게 순면으로 된 흰색 티셔츠를 주고 3일 동안 밤에 입고 자라고 지시했습니다. 아침이면 티셔츠를 벗고 체취가 날아가지 않도록 랩에 싸서 보관하고요.

그렇게 3일이 지난 다음, 티셔츠를 공기가 통하지 않는 비닐봉지에 넣어 수거한 뒤, 또 다른 피험자 200명에게 수거된 티셔츠의 냄새를 맡아보고 티셔츠 주인이 어떤 성격일지 예측해보라고 했습니다.

과연 티셔츠에 남은 체취만으로 그 사람의 성격을 파악할 수 있었을까요?

결과는 놀라웠습니다. 체취에 근거해서 파악한 성격이, 검사로 측정된 성격과 유의미하게 일치했습니다. 종합적인 성격을 모두 알 수는 없었지만 외향성extraversion, 신경증적 성향neuroticism, 지배 성향dominance 이 세 가지 성격 특성은 비교적 정확히 파악해낼 수 있었다고 합니다.

어떻게 이런 일이 가능할까요?

도파민이라는 신경전달물질의 활성도가 높아지면 외향적인 성향이 나타납니다. 세로토닌 활성도가 낮아지면 쉽게 긴장하고 불안해하며 스트레스에 취약해집니다. 이는 신경증적 성향을 가진 사람의 전형적인 모습입니다.

남성 호르몬인 테스토스테론은, 타인을 억누르고 권력을

좇는 성향이 얼마나 강한가 하는 지배 성향을 결정합니다.

도파민, 세로토닌, 테스토스테론은 땀 성분에도 영향을 미칩니다. 똑같이 땀을 흘려도 불안에 떨면서 흘린 것인지, 사람들과 활발하게 상호작용하면서 흘린 것인지, 타인을 공격하는 과정에서 나온 것인지에 따라 땀의 성분과 양이 달라집니다. 인간의 후각은 이런 미묘한 차이를 구별해낼 수 있는 것이지요.

아이는 냄새로 엄마를 구별해내고, 사랑에 빠진 사람은 군중 속에서 연인의 향기를 찾아냅니다. 신경이 날카로워진 직장 상사의 체취는 복도 저 끝에서부터 금방 알아챌 수 있습니다.

이건 모두 후각이 특정 정서와 기억에 끈끈하게 달라붙어 있기 때문에 가능한 일입니다. 시각이나 청각 같은 감각은 시상이라는 뇌 부위를 통과해야 합니다. 하지만 후각은 이런 중간 단계를 거치지 않고 감정과 기억을 조절하는 뇌 영역에 바로 전달됩니다. 그래서 향기는 다른 감각으로는 체험할 수 없는 것을 겪게 해줍니다.

봄날에 벚꽃 향기를 맡으면 어린 시절의 소풍, 연인과의 데이트가 떠오릅니다. 의식적으로 노력하지 않아도, 지금 눈앞에서 일어나는 일처럼 느껴집니다.

마르셀 프루스트의 《잃어버린 시간을 찾아서》에서 주인공은 홍차에 적신 마들렌의 향기로 과거의 기억을 생생하게 되살려내지요. 그래서 후각이 촉발하는 기억의 연쇄작용을 '프루스트 현상'이라고 부르기도 합니다.

내가 어떻게 살아가고 있는가가 나의 향기를 결정합니다. 사소한 일에 쉽게 긴장하고 마음을 다스리지 못하는 사람과, 건강하게 스트레스를 관리하는 사람은 세로토닌 농도가 다를 수밖에 없고, 이것이 그 사람의 체취를 결정할 테니까요.

다른 사람과 적극적으로 의사소통하고 친밀감을 형성하려고 애쓰는 사람과 그렇지 않은 사람이 품고 있는 체취는 도파민의 활성도만큼 다를 겁니다.

테스토스테론이 발휘하는 힘에 의존해 약자를 공격하고 지배하려는 사람과 배려와 존중이 몸에 배어 있는 사람이 품은 향취는 서로 다르겠지요.

가만히 있어도 사람이 지닌 고유한 향기는 사방으로 퍼져 나갑니다. 이건 '나는 어떠한 사람입니다'라는 사회적 정보가 공기 중에 퍼져나가는 것과 다름없습니다. 그리고 저마다의 향기는 자신의 평가에 부지불식간에 영향을 미칩니다.

아무리 속이려고 해도 고유한 체취는 속일 수 없습니다.

그렇다면 매 순간 나는 어떤 향기를 품고 있는 사람인가 되돌아봐야 하지 않을까요. 과연 나는 어떤 향기로 다른 사람에게 기억되고 있을까요. 향기와 함께 각인된 기억은 잘 지워지지 않으니 말입니다.

🌡 삶의 온도를 조절하기 위해 해야 할 일

자비심 명상

•

누군가에게 자비롭게 행동하고 호의를 베풀었던 경험을 생각해보세요. 마음의 눈으로 그 사람이 당신의 행동에 어떻게 반응했는지 기억해보세요. 그 반응을 보면서 당신이 느꼈던 감정은 무엇인가요?

자신을 위한 일과 다른 사람을 돕는 일이 결코 다르지 않음을 발견하고 그 사이를 구분하는 벽을 무너뜨려보세요. 남도 나만큼 소중한 존재라는 사실을 기억해보세요.

이번에는 앞으로 다른 사람들을 어떻게 도와줄까 생각해보세요. 친구와 의견을 나누거나, 연인에게 꽃을 선물하거나, 아이에게 책을 읽어주거나, 당신이 믿는 대의를 위해 기부를 할 수도 있습니다.

무엇이든 그 행동을 통해 깊은 행복감을 경험해보세요. 이타심은 자신에 대한 집착을 버리게 함으로써 괴로움에서 해방시켜줍니다.

감정의 온도

1판 1쇄 발행 2017년 1월 25일
1판 6쇄 발행 2021년 12월 10일

지은이 김병수
펴낸이 고병욱

펴낸곳 청림출판㈜
등록 제1989-000026호

본사 06048 서울시 강남구 도산대로 38길 11 청림출판㈜ (논현동 63)
제2사옥 10881 경기도 파주시 회동길 173 청림아트스페이스 (문발동 518-6)
전화 02-546-4341 팩스 02-546-8053

홈페이지 www.chungrim.com
이메일 redbox@chungrim.com

ⓒ 김병수, 2017

ISBN 978-89-89456-57-5 03320

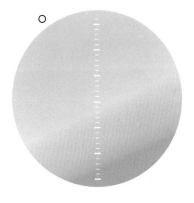